Christine Strübin

ZWISCHENWELTEN

Christine Strübin

Zwischenwelten

Feuer und Flamme fürs Leben!

Autobiografie

Originalausgabe

Lektorat, Satz & Layout: Andrea Stangl, Bücher & Manuskript-redaktion, Paderborn, info@buchverlag-stangl.de
Einbandgestaltung & Layout Bildteil: Damir Culjak, Stuttgart, damir.culjak@web.de
Illustrationen: Petra Meier-Krönke, Regensburg, petra-meier@musik-apotheke.com
Druck und Herstellung innerhalb der EU
ISBN 978-3-00-025064-4

Besuchen Sie Christine Strübin im Internet unter
www.blaubeerwald.de

Dieses Buch widme ich
all denjenigen, die für ihre Vision
in ihrem Herzen brennen
und alles daransetzen,
sie zu verwirklichen.

Inhalt

Endlich angekommen!

Wie oft habe ich das in meinem Leben schon geglaubt und mich dabei selbst belogen. Umso schmerzhafter war es dann für mich, wenn ich zugeben musste, dass es wieder nicht das Gesuchte war. Immer wieder war ich Kompromisse eingegangen, die meinem Herzen widersprachen.

In Gedanken versunken blicke ich aus unserem Wohnzimmerfenster. Was ich sehe, berührt mich zutiefst. Ich liebe diesen Ausblick: um mich herum nur Natur und meine geliebten Tiere. Ja, ich kann es manchmal immer noch nicht fassen – ich bin zu Hause!

Seit mehr als zehn Jahren leben mein Mann Martin, ich und unsere Tiere im Blaubeerwald: zehntausend Quadratmeter Alleinlage, mitten im Wald und ohne direkte Nachbarn. Einfach wundervoll. Als ich damals die Anzeige in einem kleinen Regionalblatt las, rief Martin sofort bei diesem Makler an, um einen Besichtigungstermin zu vereinbaren. Seit vier Jahren waren wir bereits auf der Suche nach unserem Traum-Grundstück. Vieles wurde uns in dieser Zeit angeboten, aber jedes Mal fehlte etwas. Unser Enthusiasmus bezüglich des Blaubeerwaldes war deshalb etwas zurückhaltend. Würde es diesmal unser ersehntes neues Zuhause werden?

Martin war richtig kribbelig, als wir ausgerechnet am 1. August, dem Schweizer Nationalfeiertag, dem Auto des Maklers in Richtung Blaubeerwald folgten. Ich hingegen hatte erst mal meine Gefühle auf Eis gelegt. Erst abwarten, cool bleiben, dann tut es hinterher nicht so weh, wenn es wieder ein Flop wird. Der Makler bog nach kurzer Fahrt in einen Forstweg ab. Martin war angesichts dessen, dass wir bereits mitten im Wald waren, schon so ziemlich überzeugt, dass es das Richtige für uns wäre.

In meinem Inneren entstand das Bild eines Blockhauses ohne sanitäre Anlagen, ohne Heizung und Strom. Ich war einfach misstrauisch.

Wir parkten unsere Autos auf dem Forstweg, und der Makler steuerte auf ein Holztor zu, auf dem sich ein zauberhafter Namenszug befand. Ich las den Namen *Im Blaubeerwald* und ließ ihn vorsichtig auf meiner Zunge zergehen. Langsam rutschte er in meinen Solarplexus. Sogleich hatte ich vor lauter Aufregung Schmetterlinge in meinem Bauch.

In der Zwischenzeit erklärte der Makler meinem Mann alle Vorzüge des Grundstücks. Das hätte er sich sparen können, denn als Martin in der Mitte des Grundstücks den albanischen Männerturm erblickte, war der Blaubeerwald bereits sein Eigen.

Mir wäre es am liebsten gewesen, wenn sich der Makler mitsamt seinen Erklärungen in Luft aufgelöst hätte. Ich spürte die Anwesenheit von Vywamus, meinem spirituellen Lehrer und Freund, der mich bereits seit fünfzehn Jahren begleitete. Eine nichtkörperliche Wesenheit, die sich immer zum richtigen Zeitpunkt liebevoll in meine irdische Realität "einschaltete".

Er lenkte meine Augen weg von dem Wohnhaus, dass mir absolut nicht gefiel, und zeigte mir stattdessen die vielen Kleinigkeiten und Schönheiten dieses außergewöhnlichen Ortes. Ich hörte seine Stimme in meinem Kopf, die mir zuflüsterte:

Das ist euer Zuhause, lege dein Misstrauen ab, es ist nicht mehr nötig.

Wie immer wollte ich mich jedoch selbst überzeugen. Es gab da zwei Seelen in meiner Brust; die eine war hingerissen von all der Schönheit, die andere sah die ganze Arbeit.

Für Martin schien der Kauf des Blaubeerwaldes bereits perfekt zu sein. Er hatte nicht die geringsten Zweifel. Er war beschwingt wie seit Langem nicht mehr. Wäre der Makler nicht dabei gewesen, hätte er wahrscheinlich einen Freudentanz aufgeführt. Ich hingegen brauchte noch Zeit, ich musste nachdenken. Zu oft in meinem Leben war ich enttäuscht worden. Viele Gedanken gingen mir durch den Kopf, als wir wieder nach Hause fuhren, in unser Haus im Nachbarort.

Martin war kaum zu bremsen. Er sah sich bereits in seinem Turm, in den er sich auf Anhieb verliebt hatte. Seine Begeisterung holte mich aus meinem Wenn und Aber heraus. Nur zu gerne ließ ich mich von ihm anstecken: Wenn er einmal von etwas begeistert war, konnte ihm die ganze Welt nicht widerstehen. Er sprühte nur so vor sich hin, und ich spürte, wie all meine Zweifel sich in Liebe für ihn und sein So-Sein verwandelten.

Ich war sehr stolz auf meinen Mann – wieder einmal; vielleicht sollte ich ihm das öfter sagen, dachte ich bei mir.

Bereits im September 1998 kauften wir den Blaubeerwald mit all seinen schmucken Häuschen. Ich wollte die Welt umarmen. Doch Halt, hatte ich auch Grund dazu? Jetzt fing es nämlich erst richtig an. Wir mussten und wollten das Wohnhaus im Blaubeerwald renovieren, und unser altes Haus in Bruck war noch nicht verkauft. Die befragten Makler machten uns keine großen Hoffnungen, unser Haus in Bruck zu dem von uns geforderten Preis verkaufen zu können. Martin drängte mich, Vywamus zu befragen, wie er die Situation einschätzte. Der sagte, es sei alles in Ordnung, wir sollen unsere Preisvorstellung nicht aufgeben. Wie zuversichtlich … Wir brauchten dringend Bares, um unseren Blaubeerwald zu renovieren. Doch Martins Eltern, Heinz und Heidi, kamen uns zu Hilfe: Sie zahlten Martin einen Teil seines Erbes aus, und so konnte es losgehen.

Nach einiger Suche fanden wir eine Baufirma, die im Oktober unser Haus zu renovieren begann. Wir mussten natürlich auch selber Hand anlegen und freuten uns über jede Hilfe. Unsere langjährigen Freunde Michi und Herbert aus Wien halfen uns, sooft es ihre Zeit erlaubte. Natürlich hatten wir zwischen Oktober und Dezember mehrere Seminare, und ich hatte zudem einige Einzelsitzungen, die bereits gebucht waren. So pendelte ich zwischen Bruck und dem Blaubeerwald hin und her. Oft wurden wir gefragt, wie wir das alles unter einen Hut brächten. Martin und ich sahen uns dann nur an und antworteten: "Wir wissen es selbst nicht, aber wenn wir uns etwas vorgenommen haben, dann klappt es in der Regel."

Zur selben Zeit fanden Michi und Herbert drei Katzenbabys im Blaubeerwald, die von ihrer Mutter verlassen worden waren. Sie konnten damals höchstens eine Woche alt gewesen sein. Ich wusste, dass es sehr schwierig sein würde, so kleine Katzen am Leben zu erhalten. Es war mir klar, dass wir sie mit nach Hause nehmen müssten, denn nur so konnten sie überleben. Leider starben zwei von ihnen. Das Kätzchen, das übrig blieb, nannten wir Sunny. Sunny zeigte mir, was es heißt, ein Baby aufzuziehen: Alle zwei Stunden wollte sie gefüttert werden, ob bei Tag oder bei Nacht. Ich war in dieser Zeit ohnehin todmüde, und nun hatte ich auch noch Sunny, die ihre Rechte bei mir einforderte. Decken und Wände streichen, Einzelsitzungen, Post erledigen, Kunden anrufen, Seminare halten und Sunny Tag und Nacht – ich muss gestehen, dass ich damals absolut an meine Grenzen kam. Es gab Tage, da bereute ich den Kauf des Blaubeerwaldes. Ich hatte mein Ziel erreicht und konnte es vor lauter Arbeit nicht genießen. Martin schien es ebenso zu gehen, wir waren wieder einmal am Limit angekommen. Wie lange würde es noch dauern, wie viele Hürden mussten wir noch nehmen, um endlich umziehen zu können? Trotz der Hilfe unserer Freunde schlich sich ein Druck ein, der auch unsere Beziehung belastete, und ich fragte mich, ob es das alles wert war. Das Gute an dieser Zeit war, dass ich keine Zeit zum Nachdenken hatte – ich musste funktionieren. Ich war schon immer eine Macherin, und so setzte ich meine Energie für die Fertigstellung des Blaubeerwaldes ein.

Anfang Dezember war es dann endlich so weit: Wir konnten einziehen! Unsere erste Nacht im Blaubeerwald verlief alles andere als romantisch. Todmüde fielen wir ins Bett. Ich wollte schlafen und konnte nicht. Mein Körper war schwer wie ein Stein, doch mein Geist war hellwach, und so ließ ich meinen Gedanken freien Lauf, während Martin neben mir seinen wohlverdienten Schlaf genoss. Bilder unserer gemeinsamen Vergangenheit blitzten vor meinem geistigen Auge auf. Wie lange waren wir jetzt zusammen, hundert, tausend oder noch mehr Jahre? Tief in meinem Herzen hatte ich das Gefühl von Ewigkeit, von Vertrautheit und einer Liebe, die ich in meinem bisherigen Leben zwar immer gesucht, aber nicht gefunden hatte. In der Beziehung mit Martin wurde mir klar, dass ich diese Liebe nur mit ihm leben und erleben kann.

Heute

"Die Seherin vom Blaubeerwald", so hatte ein Journalist einmal seinen Artikel über mich betitelt. Das klingt ein wenig wie "Die Hexe aus dem Knusperhäuschen", nach Mystik und Mythos, geheimnisvollen Zaubersprüchen und Zeremonien.

Unsinn! Den Blaubeerwald gibt es in Bodenwöhr ganz real als Postadresse und ich lebe dort seit zehn Jahren mit meinem Mann sowie einem Gockel namens Domingo, mit zwei Papageien, vier Pferden, fünf Hunden, sieben Katzen und anderen Tieren. Wenn dann noch unsere Freunde aus Israel zu Besuch kommen, geht es in der vermeintlichen Idylle ganz schön rund! Da bleibt gar keine Zeit, den ganzen Tag vor einer Kristallkugel zu sitzen und Beschwörungsformeln zu murmeln, wie sich das nicht nur Journalisten gern ausmalen.

"Du bist doch nicht normal!" Das habe ich schon als Kind zu hören bekommen, weil ich als Medium mehr Dinge wahrnehmen kann als viele andere Menschen. Dabei bin ich keineswegs allein mit dieser Fähigkeit: Die Bibel zum Beispiel ist voll von Sehern, Prophezeiungen und Wundern. So wie Jesus für Millionen von Katholiken Realität ist, so sind auch die in diesem Buch beschriebenen Ereignisse erlebte Wirklichkeit. Und die war für mich in den vergangenen fünfzig Jahren keineswegs immer spirituell durchgeistigt: Ich habe Depressionen, eine Vergewaltigung, mehrere gescheiterte Ehen und zahlreiche Kämpfe hinter mir.

Dass dabei immer wieder Hilfe und Führung aus einer Ebene möglich ist, die unser Alltagsverstand nur schwer begreifen kann, soll dieses Buch aufzeigen. Meine Geschichte und Geschichten aus dem Blaubeerwald und der geistigen Welt möchten alle Leser ermutigen, in ihrem Leben stärker auf das zu hören, was man *innere Stimme*, *Intuition* oder einfach *Bauchgefühl* nennt. Ich freue mich, wenn Sie mir Ihre Erfahrungen und Ihre Meinung zu diesem Buch mitteilen.

Meine Email-Adresse lautet: info@blaubeerwald.de.

Wut im Bauch

Ich bin ein Wunschkind. Immer hatte sich meine Mutter, die Astrologin ist, ein Waage-Mädchen gewünscht, und so kam ich am 19. Oktober 1957 in einem Krankenhaus in Regensburg zur Welt. Dass bei der Geburt mein Vater nicht anwesend war, fand ich sehr schade. Auch wenn es im Grunde gar nicht so wichtig war, da mich schon damals andere Dinge beschäftigten.

Diese Gefühle als Ungeborene konnte ich viele Jahre später bei einem meiner Seminare über vorgeburtliche Erfahrungen nachempfinden.

Als meine Mutter in der Klinik ankam, führte das Personal die üblichen Routine-Untersuchungen durch, war dabei aber alles andere als freundlich. Sie solle sich nicht so anstellen, meinte die Hebamme. Dann musste sie Treppen steigen und noch zur Toilette, wo sie mich sogar beinahe verloren hätte. Als man meine Mutter schließlich in den Kreißsaal brachte, spürte ich bereits in ihrem Bauch unglaubliche Wut: Wenn ich rauskomme, werde ich euch den Marsch blasen! Dies und dass ich ihr helfen müsse war mein Gefühl. Denn sie hatte es natürlich nicht gewagt, etwas zu sagen. Wahrscheinlich ging es 1957 im Krankenhaus noch viel strenger zu als heute. Und außerdem war ich ihr erstes Kind.

Ich bin zwar relativ schnell zur Welt gekommen, bekam aber gleich einen Schock fürs Leben: Eiskalt war es da draußen, alles viel zu grell, ich konnte mich nicht bewegen und nicht sprechen – das machte mich fuchsteufelswild, denn ich hatte mir ja vorgenommen, denen ordentlich die Meinung zu geigen.

Ich wurde sogleich versorgt, und als ich endlich bei meiner Mutter im Arm lag, war völlig klar: Die kenne ich schon lange! Ich habe sie angesehen, und für mich war sie die schönste Mama auf der ganzen Welt. In diesem Moment war die Welt in Ordnung und meine Wut vergessen; ich wollte nur bei ihr sein und hatte meinen Vater überhaupt nicht vermisst. Erst später dachte ich: Fehlt da nicht noch einer?

Er besuchte uns am folgenden Tag im Krankenhaus. Ich bin an einem Kirchweihsamstag zur Welt gekommen, zehn Minuten nach Mitternacht, und in der Vorfreude hatte sich mein Papa einen riesigen Rausch angetrunken. Als ich ihn zum ersten Mal sah, dachte ich: Der passt voll zu mir! Er war stolz wie Oskar, weil ich ein so schönes Kind gewesen bin – das einzige Baby im Krankenhaus mit schwarzen Augen und langen schwarzen Haaren.

Meine Mutter war Schneiderin von Beruf, hatte nach ihrer Heirat aber aufgehört zu arbeiten. Mein Vater verdiente sein Geld in jungen Jahren als Schuster, später als Bahnbeamter. Seine große Leidenschaft sind die Natur und Tiere, worüber er meinen drei Brüdern und mir sehr viel beigebracht hat – zum Beispiel, wie einzelne Bäume und Pflanzen heißen, aber vor allem den tiefen Respekt vor der Natur. "Wenn du Gott finden willst, musst du in die Natur gehen", hat er oft gesagt. Meine Mutter besaß nicht diesen starken Bezug zu Tieren, ihr Ein und Alles waren die Blumen und das Gemüse in ihrem Garten.

Ich habe alles Getier mit nach Hause gebracht, das irgendwie krank oder verletzt war. Mein Vater hat die Schwäne und

Enten in der Naab gefüttert, und wenn sie verletzt waren, hat er sie so gut er konnte wieder gesund gepflegt. Er hat auch heute noch eine besondere Beziehung zu Vögeln, was sie offenbar spüren, denn häufig kommen sie ganz nah und scheinen keine Scheu vor ihm zu empfinden. Eines schönen Tages, ich war mit meinem Vater in einer Zoohandlung in Regensburg, erfüllte er mir meinen Wunsch nach zwei Goldhamstern. Der Verkäufer versicherte uns, dass es sich um zwei männliche Tiere handelte, doch wie sich später herausstellen sollte, war das nicht der Fall. Mit stolz geschwellter Brust zeigte ich meine neue Errungenschaft meiner Mutter, die daraufhin einen Schreikrampf bekam. Sie hatte absoluten Abscheu vor Mäusen und Ratten und wollte, dass wir die Nager umgehend zurückbrachten. Aber Papa und ich haben uns durchgesetzt und so durften wir die Hamster behalten. Schnell vermehrten sie sich, und zum Schluss hatten wir achtundzwanzig Hamster. Mama flippte schier aus! Aber da Hamster ein relativ kurzes Leben haben, hat sich das Problem irgendwann von selbst gelöst.

Wir hatten Katzen und Wellensittiche, doch einen Hund, den ich mir als Kind immer so sehr gewünscht habe, habe ich nie bekommen. Wenn ich mal ein eigenes Haus oder ein Grundstück besitzen sollte, dann will ich auf jeden Fall Hunde, dachte ich damals. Dieser Wunsch hat sich mit dem Blaubeerwald, von dem ich noch mehr erzählen werde, viele Jahre später auch erfüllt.

Ich habe drei Brüder, die mir überhaupt nicht ähnlich sind, sowohl vom Äußerlichen – alle drei haben dunkelblonde Haare und grüne Augen – als auch vom Temperament her.

Mein jüngster Bruder Thomas kam im Oktober 1969 zur Welt. Ich war damals gerade zwölf Jahre alt und eigentlich überhaupt nicht begeistert, noch einen Bruder mehr zu haben. Thomas betrachtete mich in den ersten Jahren auch nicht als seine Schwester, sondern vielmehr als seine Tante, da ich ja bereits mit sechzehn Jahren von daheim ausgezogen bin, als er gerade vier Jahre alt war.

Dass mein kleiner Bruder etwas Besonderes war, stellte ich erst fest, als er ungefähr sechs Jahre alt war. Mein anderer Bruder Sepp hatte damals bereits seine eigene Band, und eines Tages stand ein Auftritt in einer Disco in einem Nachbarort bevor. Thomas bettelte meine Mutter an, mitkommen zu dürfen, doch sie erlaubte es nicht. Dann fragte er mich, und ich hatte die Idee, dass er doch beim Aufbau der Instrumente dabei sein könnte, und meine Mutter sagte ja. Thomas war überglücklich und nutzte seine Chance, sich an ein richtiges Schlagzeug zu setzen; vorher hatte er nur auf alten Waschmitteltrommeln herumgetrommelt. Was nun geschah, war schier unglaublich: Von Thomas selbst sah man nichts, nur die Sticks, die durch die Luft schwirrten, und er spielte und spielte. Ein Musiker aus einer anderen Band, die an diesem Tag ebenfalls einen Auftritt in der Disco hatte, fragte mich, wer denn da so genial spielte, und ich erwiderte nicht ohne Stolz, dass das mein kleiner Bruder ist und er erst sechs Jahre alt sei. Der Musiker war ganz erstaunt und meinte: "Der ist wirklich ein großes Talent." Und das ist er in der Tat noch heute.

Die ersten zwei Jahre war ich für meinen Vater seine Prinzessin und durfte in seinem Bett schlafen. Wir hatten so lange ein gutes Verhältnis, bis ich zu sprechen begann und mein

Bruder Roland zur Welt kam. Es war eine schwierige Hausgeburt, und er hatte die Nabelschnur um den Hals gewickelt. "Was ist denn das, der sieht ja aus wie ein alter Mann?", wunderte sich mein Vater angesichts des runzligen Wesens, das ganz blau im Gesicht war. Er war auf seinen ersten Sohn natürlich sehr stolz, und weil Mama sich um das Baby kümmern musste, bin ich mehr oder weniger bei meinen Großeltern eingezogen, die im selben Haus wohnten. Die Oma hat mich mächtig mit Torte und Cola verwöhnt, was für die damalige Zeit keineswegs selbstverständlich war.

Meine Oma war auf einem Bauernhof aufgewachsen, glaubte aber stets, sie sei zu Größerem geboren. Ihre Eltern hatten sie auf eine Handelsschule geschickt, in der sie Französisch lernte, das sie bei jeder passenden und unpassenden Gelegenheit einfließen ließ. Auch mir hat sie immer vermittelt, dass ich mich weiterbilden und Sprachen lernen müsse. Dass sie als einfache Bauerntochter über Bildung verfügte, hat ihr in der dörflichen Gemeinde eine besondere Stellung verliehen. So traf sie sich zum Beispiel regelmäßig mit dem Pfarrer oder der Schlossbesitzerin in unserem Heimatort Etterzhausen, um Konversation zu betreiben. Zu diesen Zusammenkünften nahm sie mich regelmäßig mit, was mich aber fürchterlich langweilte. Denn in dem Schloss gab es nichts zum Spielen, und worüber die alten Damen plauderten, hat mich als Kind überhaupt nicht interessiert. Doch ich wurde überall vorgeführt und habe mich dabei leider nicht immer so mädchenhaft benommen, wie meine Oma es gern gesehen hätte.

Meine Mutter war und ist heute noch eine sehr gute Hausfrau. Zum Essen gab es viel Gemüse, aber mit vier Kindern hatte sie keine großen finanziellen Möglichkeiten. Unsere Kleider entwarf und nähte sie daher selbst, was allerdings in meiner Pubertät dann nicht mehr so toll für mich war. Auch für unsere Nachbarn erledigte sie kleinere Arbeiten.

Statt Urlaub an der Adria gab es für uns in den 60er Jahren nur einen Tagesausflug in den Tierpark. Unser Vater bekam Freifahrtscheine für den Zug, mit dem wir dann nach München oder Nürnberg fuhren. Mehr war nicht drin für eine sechsköpfige Familie.

Nach den Ferien hieß es in der Schule meist: "Schreibt einen Aufsatz über das, was ihr erlebt habt." Ich entwickelte jedes Mal eine Mordswut, denn aus meiner Sicht hatten wir überhaupt nichts Gescheites unternommen. Wie andere Kinder wollte ich auch mal in ein anderes Land oder ans Meer. Nach dem Unterricht habe ich denjenigen aufgelauert, die wegfahren durften, und sie vor Frust geohrfeigt. Die Elvira war ein Einzelkind, hatte einen Eierkopf und bekam alles sozusagen noch hinten reingeschoben – ausgerechnet sie, die totale Versagerin, hatte immer alles, was neu war. So war sie mein erklärtes Feindbild, und ich habe sie fast täglich verprügelt.

Wenn ich mal groß wäre, dann wollte ich alles ganz anders machen, nahm ich mir damals vor. Warum habe ich mir nur ausgerechnet solche Eltern ausgesucht?, war meine verzweifelte Frage ans Leben. So konservativ wie sie, die allenfalls noch die nächstgelegene Stadt kannten, wollte ich nie werden. Aber ich blieb in Etterzhausen hängen und entwickelte gegen die dörfliche Enge zunehmend Aggressionen. Tag für

Tag taten die Nachbarn das Gleiche, und mit ihrer Falschheit konnte ich als Gerechtigkeitsfanatikerin nichts anfangen.

Damals kamen noch regelmäßig Zigeuner in unser Dorf und lagerten mit ihren schweren Wohnwagen in der Nähe unserer Schule. Sie waren für mich der Inbegriff von Freiheit, und so ging ich jeden Tag nach der Schule zu den Zigeunern, nur um in ihrer Nähe zu sein. Meine Eltern waren davon überhaupt nicht begeistert und wollten mir diesen Umgang verbieten, was ihnen aber nicht gelang. Ich fühlte mich im Wohnwagen viel wohler als daheim und träumte insgeheim, mit den Zigeunern meiner kleinen Welt zu entfliehen. Leider zogen sie ohne mich weiter, und ich musste mich wieder in meine unsichtbare Welt zurückziehen.

Als ich mich Jahre später als Jugendliche in einen Zigeuner verliebte, sollte sich mein Traum erfüllen. Schnell merkte ich, dass ich dieses Leben idealisiert hatte. Mein Zigeuner neigte zur Gewalt und versuchte mich zu beherrschen. Doch er hatte nicht mit meinem Temperament gerechnet, und so flogen in dieser kurzen Beziehung oft die Fetzen. Einmal konnte ich mich seiner Übergriffe nur erwehren, indem ich ihn mit einer Bratpfanne k. o. schlug. Auch das Hausieren mit Schnürsenkeln und dergleichen fand ich nicht besonders prickelnd, sodass ich die Beziehung schließlich beendete.

Unsichtbare Freunde

Oft unterhielt ich mich mit Naturgeistern, Pflanzen oder Tieren. Als andere Kinder zu Hause von mir erzählten, durften sie nicht mehr mit mir spielen, und ich war mit meinen unsichtbaren Freunden allein. Für mich war es ganz normal, sie zu hören und zu sehen; als Kind erzählt man das zunächst ganz freimütig und glaubt ja, dass andere das genauso können. Ich sprach sogar mit den Steinen, auf denen ich saß. Ich liebte diese Welt ohne Bewertungen, Falschheit und Lügen!

Während meine Mutter das akzeptieren konnte, war es meinem Vater eher unheimlich, er hatte wohl Angst davor oder um mich. Weil ich nicht als "durchgeknallt" gelten wollte, habe ich meine besondere Fähigkeit in der Pubertät nicht mehr benutzt und sozusagen ausgeschaltet.

Ich war ein starkes Kind und habe mich oft geprügelt. Ich strafte die anderen dafür, dass sie nicht in meine Welt kommen konnten oder wollten. "Wann wirst du endlich einmal normal?", wollte mein Vater wissen und hat mir die langweilige Dora als Vorbild präsentiert. Obwohl mir diese dumme Brillenschlange total auf den Geist ging, arrangierten es meine Eltern, dass sie zu mir zum Spielen kam, aber ich konnte mit ihr überhaupt nichts anfangen. Natürlich kamen wir ins Streiten, und ich biss ihr in die Nase, dass das Blut herunterlief, worauf sie verschreckt nach Hause rannte.

Ich hatte meine eigene Bande und bin in unserem Viertel öfter mal handgreiflich geworden, sodass sich keiner mehr reintraute. Es gab einen Jungen, der "Roboter-Rudi" genannt wurde, weil er sich so staksig wie ein Roboter bewegte. Sooft ihn seine Mama zum Brotkaufen schickte, musste er in unser Viertel. Aber so einfach ging das natürlich nicht: Er wurde gestellt und verprügelt, manchmal haben meine Freundin und ich ihm auch das Brot weggenommen. Einmal drohte er: "Ihr könnt mir gar nichts tun" und zog ein kleines Messer aus der Tasche. Ich ging auf ihn zu, sagte "Das hast du nicht im Kreuz, Roboter-Rudi", nahm ihm das Messer aus der Hand und gab ihm eine saftige Ohrfeige. Solche Transaktionen unserer Bande hat es mehr als einmal gegeben, und ich war mit zehn, elf Jahren die Anführerin.

Auch mit meinem Bruder Roland kam es regelmäßig zu Kämpfen. Er war für mich eine echte Herausforderung und musste wegen seiner dicken kurzen Finger den Spitznamen "Bratwurstfinger" ertragen. Seine Lieblingsbeschäftigung war Essen; wenn es nach der Schule Reiberdatschi gab, versuchte er mich abzulenken, um mir meinen Teil vom Teller zu klauen. Klar musste er auch seine eigene Bande haben – mit Baumhäusern als Hauptquartier. Meine Freundin und ich versuchten natürlich, das gegnerische Lager zu demolieren.

Eines Tages kam Roland nach Hause und legte demonstrativ einen mit Wachs versiegelten Brief auf den Tisch, der den Lageplan für sein Baumhaus enthielt. Als er weg war, brach ich das Siegel auf, las den Inhalt, tropfte neues Wachs auf den Umschlag und zerstörte daraufhin mit meiner Freundin das Haus. Als mein Bruder heimkam, merkte er nichts – er war ein naiver Braver, der nicht damit rechnete, wie raffiniert seine Schwester war.

Als er seine Erstkommunion hatte, musste er in die katholische Kirche zum Beichten. Also schrieb er seine vermeintlichen Sünden auf einen Zettel und legte ihn in sein Gebetbuch, das er anschließend versteckte. Ich hatte es wie immer rausgekriegt, mir den Zettel geschnappt und mich damit auf der Toilette verbarrikadiert. Dann las ich in voller Lautstärke all seine Verfehlungen vor, während er vor der verschlossenen Tür tobte. Unser Vater schickte Roland zur Oma und brachte mich in Sicherheit, denn diesmal hätte mich mein Bruder wohl ordentlich verdroschen, wenn er mich erwischt hätte.

Er hat sich dann auch gerächt. Als wir im Sommer beim Baden waren, warf er sich im Wasser von hinten auf mich, sodass ich fürchtete, mein letztes Stündlein sei gekommen. Als ich etwa dreizehn war, hat er mich in der Küche verprügelt und mir die Haare ausgerissen. Meine Mutter und meine Tante schauten zu und waren der Meinung, dass ich eine Abreibung für all das, was ich ihm jahrelang angetan hatte, wohl verdient hätte. Da merkte ich, dass meine Zeit vorbei war, weil er nun mehr Kraft hatte als ich.

In meiner Kindheit war auf dem Dorf der nachbarschaftliche Kontakt noch viel ausgeprägter als heute. So besuchten Roland und ich öfter einen Nachbarn, der uns Kinder gern mochte und eines Tages, als seine Frau nicht zu Hause war, vom selbstgebrannten Schlehen-Likör probieren ließ. Das Zeug schmeckte süß und wir tranken mehr, als wir vertrugen. Beim nächsten Besuch machte er uns mit Schnupftabak vertraut – ich wäre beinahe erstickt! Meine Mutter schimpfte wie ein Rohrspatz und verbot uns den weiteren Kontakt mit dem unvernünftigen Alten.

Heute habe ich zu meinem Bruder Roland ein gutes Verhältnis, und wenn wir uns bei diversen Familienfeiern treffen, können wir gemeinsam über unsere Erlebnisse aus der Kindheit lachen. Durch meine Arbeit sehen wir uns nur sehr selten. Ich würde mir wünschen, mehr Zeit mit ihm verbringen zu können.

Zum Glück hatte ich noch einen fünf Jahre jüngeren Bruder, den Sepp, mit dem es keine solch heftigen Auseinandersetzungen gab, dafür später als Erwachsene eine fruchtbare Zusammenarbeit, wie ich später noch erzählen werde.

Ärger in der Schule

Mit sieben Jahren musste ich zur Schule und bekam eine Lehrerin, die ganz schön austeilen konnte; seinerzeit waren Prügel als Erziehungsmittel noch erlaubt. Abgesehen von Mathematik fiel mir das Lernen nicht besonders schwer. Aber wenn ich schwatzte oder sonstigen Unsinn trieb, gab es Schläge auf den Rücken. Als ich unsere Lehrerin einmal am Handgelenk festhielt und sagte, dass ich mich von ihr nicht mehr schlagen ließe, war ich unten durch; von dem Moment an hatte ich noch mehr Probleme. Die ersten vier Klassen liefen relativ normal, und danach hat mich Schule nicht mehr sonderlich interessiert.

Religion war mein Lieblingsfach, weil ich da ohne Ende provozieren konnte. Wenn der Herr Pfarrer vor der Klasse irgendwelche unglaubwürdigen Geschichten aus der Bibel zitierte, stellte ich sie – und dadurch auch ihn – regelmäßig in Frage. Das führte natürlich jedes Mal dazu, dass er mich aus dem Unterricht verbannte, was mir allerdings ganz recht war, denn mit der geheuchelten Heiligkeit konnte ich sowieso nichts anfangen. Im Gegenteil, ich regte mich nur darüber auf, wie Erwachsene einen solchen Unsinn glauben konnten und ihn auch noch hartnäckig verteidigten, wenn nötig auch mit Gewalt!

Gemeinsam mit meiner Mutter hatte ich schon als Kind mit den Zeugen Jehovas diskutiert, weil ich mich in der Bibel gut auskannte. Darum hatte ich im Zeugnis in Religion trotz der vielen Auseinandersetzungen mit dem Pfarrer meist eine Zwei.

Meine Mutter war sehr gläubig und ermahnte mich daher immer wieder, die Religion, sprich die katholische Kirche, ernst zu nehmen, was mir zusehends schwerer fiel. Bei meiner Erstkommunion war ich zutiefst enttäuscht, als ich feststellen musste, dass es sich beim Leib Christi nur um eine gewöhnliche Oblate handelte, die ich von der Weihnachtsbäckerei her kannte. Also wieder nichts Besonderes. Da half auch die Aufklärung meiner Mutter nichts, die mir erklärte, dass diese Oblaten geweiht seien.

Beim Plätzchenbacken vor der nächsten Weihnacht fütterte ich deshalb auf dem Küchentisch meine beiden Brüder mit dem Leib Christi, bis meine Mutter mich stoppte und mich der Gotteslästerung bezichtigte. Ich glaube, dass sie nur Angst hatte, ich könnte diese Oblaten-Verteilung auch in der Schule einführen. Das wäre eine weitere Blamage für die Familie gewesen.

Im Handarbeitsunterricht musste ich ein Kleid schneidern, das meine Mama zu Hause verbessert hatte. Doch an ihrer Arbeit hatte die Lehrerin kein gutes Haar gelassen, worauf ich sie verteidigte und mich weigerte, an dem Kleid weiterzuarbeiten. Ja, ich ging sogar so weit, die Lehrerin als unfähig und ignorant zu beschimpfen, und verließ demonstrativ das Klassenzimmer. Sie lief mir nach und schleppte mich mit Gewalt zum Rektorat, wo ich wegen meines Verhaltens sogar einen Verweis bekommen sollte. Ich jedoch konnte den Rektor davon überzeugen, dass die Lehrerin überreagiert hatte, und so kam ich diesmal mit einer Mahnung davon.

Mit meinen Eltern stand ich oft im Rektoratszimmer und

konnte deren Obrigkeits-Hörigkeit nicht verstehen, weil ich mich absolut im Recht fühlte. Lehrer, Pfarrer, Doktor – die Unterwürfigkeit gegenüber vermeintlichen Autoritätspersonen brachte mich auf die Barrikaden. Als freiheitsliebender Mensch wollte ich mir von niemandem etwas sagen lassen. In dieser Zeit gab es auch so manchen Konflikt mit der Schulleitung, weil ich meinen Bruder Roland schützen musste, wenn ihn jemand verprügeln wollte.

Ich war in der siebten oder achten Klasse, als wir den Holocaust durchnahmen. Ich verstand überhaupt nicht, warum wir Kinder uns noch immer schuldig fühlen mussten für etwas, das wir nicht verursacht hatten, und stellte dem Lehrer einige unbequeme Fragen, die er mir nicht beantworten konnte. Er unterstellte mir, dass ich nur den Unterricht stören wolle, und verwies mich aus dem Klassenraum, was mich im Grunde genommen nicht weiter störte. Was mich wirklich enttäuschte, war, dass wir in der Schule so wenig über das zukünftige Leben lernten. Ich fragte mich oft: Was nützt mir das soeben Gelernte in meinem Leben wirklich? Und da ich darauf keine Antwort fand, fragte ich eben die Lehrer, die mir aber meine Frage auch nicht beantworten konnten.

Einige Jahre nachdem wir in der Schule den Holocaust behandelt hatten, kam das Thema nochmals auf mich zu, und diesmal las ich alles, was ich in die Finger bekommen konnte, und war darüber zutiefst schockiert. Ich sah alle Filme, die dieses dunkle Kapitel Deutschlands beleuchteten, und fühlte aus tiefstem Herzen mit. Damals wusste ich noch nicht, welch einen intensiven Bezug ich zu Israel hatte. Doch darüber möchte ich später berichten.

Die ersten Geister

Eines Tages starb mein Onkel an Krebs. Er war Förster von Beruf und oft etwas böse und ungeduldig mit uns Kindern, eben weil er krank war. Damals – ich war etwa zwölf Jahre alt – teilte ich mit Roland ein Zimmer, das ans Schlafzimmer unserer Eltern grenzte.

Ich wurde wach, weil ich Mama und Papa miteinander reden hörte, als plötzlich alles um mich herum gleißend hell wurde. Als ich die Augen öffnete, war die ganze Zimmerdecke in dieses strahlende Licht getaucht. Ich war so erschrocken, dass ich mit dem Kopf unter der Bettdecke verschwand, doch das Licht war so grell, dass ich es immer noch wahrnehmen konnte.

In der Mitte des Raums stand mein Onkel, der von Licht umhüllt war und auch von innen heraus zu leuchten schien. Er blickte zu mir her, dann zu meinem Bruder, und verschwand; das Licht blieb aber noch eine ganze Zeit. Ich bin aus dem Bett gestürzt und zu meinen Eltern gerannt. Auch meine Tante und meine Oma waren da und erzählten gerade, dass eben dieser Onkel Michl gerade gestorben sei. Als ich sagte, dass er soeben bei mir im Zimmer gewesen sei, erwiderte mein Vater ungläubig, ich hätte nur geträumt. Weil ich solche Angst davor hatte, er könnte mir noch einmal erscheinen, durfte ich schließlich bei meinen Eltern schlafen. Auch in ihrem Schlafzimmer war die ganze Decke in gleißendes Licht getaucht, das aber nur ich wahrnehmen konnte. Meine

Mutter glaubte mir und versuchte mich zu beruhigen, bis ich endlich eingeschlafen war.

An ein ähnliches Erlebnis in der Kindheit kann ich mich ebenfalls noch gut erinnern. Mein Cousin Dietmar litt an akuter Leukämie, doch ich wusste damals nicht, dass er gerade im Krankenhaus war. Ich lag in meinem Zimmer und las; gegenüber befand sich ein Sideboard, und darauf stand eine Gummipuppe als Sparbüchse. Sie war relativ schwer, weil ich darin ziemlich viel Kleingeld gesammelt hatte. Plötzlich fing die Puppe an, sich wie von Geisterhand zu bewegen, und fiel herunter. Da wusste ich intuitiv, dass mein Cousin gestorben war – was meine Mutter mir am nächsten Morgen bestätigte.

Solche Begebenheiten waren mir manchmal selbst unheimlich, aber meine Mutter hat sie nie angezweifelt. Dem Vater machten sie ebenso Angst wie unsere intensive Beschäftigung mit Astrologie. "Ihr spinnt ja, ihr beide", sagte er häufig. Und auch meine Brüder konnten mit meiner seltsamen "Gabe" wenig anfangen.

Kindheitsstreiche

Obwohl es noch keine Ewigkeit her ist, sah unsere Kindheit ganz anders aus als heute. Gameboy und Playstation, DVDs und MP3-Player, Handy und Notebook, ohne die kaum ein Jugendlicher leben kann, waren allenfalls als technische Vision andeutungsweise in der Fernsehserie "Raumschiff Enterprise" zu sehen. Und auch diese Unterhaltung lief – heutzutage nur noch schwer vorstellbar – auf einem von lediglich zwei Fernsehkanälen. Es gab keine Privatsender und kein Chatten im Internet, sodass wir uns selbst um unsere Freizeitbeschäftigung kümmern mussten. Und die Eltern, sofern sie keine reichen Pinkel waren, haben uns nach der Schule nicht zum Ballett-, Musik- oder Reitunterricht gefahren. Action und Horror, wie man heute sagen würde, haben wir nicht aus der Konserve vor dem Bildschirm erlebt, sondern in unserer kleinen Welt ganz unmittelbar. "Lustige Kinderstreiche" könnte man dazu aus der Distanz von einigen Jahrzehnten sagen. Aber manche dieser "Transaktionen" waren durchaus grenzwertig, und wir konnten von Glück reden, dass wir so selten erwischt wurden. Zur damaligen Zeit war es auch nicht so wie heute, dass die Polizei regelmäßig Spielplätze oder Jugend-Treffs kontrolliert hat.

So lebten im Nachbarhaus, wo auch meine Freundin wohnte, zwei ältere Frauen. Eine davon war alleinstehend und beschwerte sich laufend über die lärmenden und frechen Kinder. Eines Tages hatten wir mit dem Fußball ihre Fensterscheiben eingeschossen. Wütend rannte sie die Treppe herunter und verfolgte uns. Ich versuchte, durch einen schmalen Gang zwischen den Häusern zu entkommen, schaffte es aber nicht mehr, über das Tor am rettenden Ende zu klettern. Als sie mich erwischte und mir eine kräftige Ohrfeige verpasste, schlug ich in einer Reflexbewegung zurück, schlüpfte unter ihrem Arm hindurch und flüchtete nach Hause. Die Alte beschwerte sich natürlich bei meinen Eltern, und mein Vater sagte sinngemäß: "Die arme Frau, so etwas dürft ihr doch nicht machen, ihr schlimmen Kinder", doch als sie aus der Tür war, nahm er mich beiseite und meinte: "Gut gemacht!" Das war eine der wenigen Gelegenheiten, bei denen er wirklich zu mir stand, denn keiner konnte die Frau Zahler leiden.

Während der Faschingszeit übte unsere Bande Rache, befestigte an ihrer Wohnungstür eine Ladung sogenannter Schweizer Kracher und versteckte sich auf dem Dachboden. Mit einem Donnerschlag flog das Schloss aus der Tür von Frau Zahler, die vor Schreck beinahe einen Herzinfarkt bekam. Mit einem Besenstil bewaffnet, patrouillierte sie daraufhin stundenlang umher, aber wir waren mucksmäuschenstill in unserem Versteck, aus dem wir uns so bald nicht wieder hervorwagten.

Ein anderes Mal sperrten wir sie mit Hilfe eines Holzprügels auf dem Plumpsklo ein, in dem sie so lange zeterte, bis ein Nachbar aufmerksam wurde und sie befreite.

Sie war sozusagen unser Lieblingsobjekt zum Ärgern, nicht zuletzt, weil sie sich immer so herrlich aufregte. Als ich etwas älter und schon von zu Hause weg war, bereute ich manchmal, was wir der armen Frau alles angetan hatten; vielleicht haben unsere Streiche aber auch etwas Abwechslung in ihr eintöniges Leben gebracht?

Unser zweites Opfer im gleichen Haus war die etwas einfältige und rückständige Frau Schneider. Sie war ziemlich korpulent und hängte ihre Unterhosen in XXL-Größe zum Trocknen im Freien auf. Pech, dass mein Bruder Roland ein Luftgewehr geschenkt bekommen hatte – neben Blechdosen war die Wäsche ein beliebtes Zielobjekt. Dass ich mit größtem Vergnügen für die Luftlöcher in ihren "Unterbumpeln" gesorgt hatte, kam zum Glück nie heraus.

Und wenn unsere Untaten doch einmal ruchbar wurden, so ermahnte mich meine Mutter lediglich, braver zu sein. Schlagen konnte sie mich nie. Vieles, was wir aus Langeweile angestellt haben, war ja auch nicht beweisbar, etwa unser Telefonterror bei fremden Leuten. Zum Beispiel habe ich mehrmals eine unbekannte Frau angerufen und mit verstellter Stimme schauerlich gedroht: "Ich bin der Tooood, und Sie sind die Nächste."

Einen weiteren beliebten Zeitvertreib, der sich über Generationen von Jugendlichen erstreckte, boten die berühmten Regensburger Domspatzen. Für die Chormitglieder gab es in der Nähe von Etterzhausen ein Internat. Dort lebten unserer Ansicht nach lauter Snobs, die auch ohne besonderen Anlass eine Abreibung verdient hatten. Also schlichen wir uns durch den Wald an, kletterten über den Zaun und vermöbelten grundlos die Sangesknaben. Da solche Überfälle blitzartig erfolgten, waren wir gegenüber den verhätschelten Weicheiern meist im Vorteil.

Der alte Wenzel

In der Nachbarschaft gab es als Familienbetrieb eine kleine Bäckerei, in der wir Kinder während der Ferien aushelfen durften. Ihr Inhaber Hans war ein begabter Märchenerzähler, der sich mit liebevollen Details die gruseligsten Geschichten ausdachte. Alle Kinder in meinem Alter versammelten sich in der Backstube, und während er seine Arbeit tat, amüsierte und schreckte er uns mit Erzählungen vom alten Wenzel.

Dieser alte Mann, erzählte uns Hans, habe früher tatsächlich in unserer Gegend gelebt, aber nun treibe er als gefährlicher Spuk sein Unwesen und fräße am liebsten kleine Kinder. Es sei also nicht ratsam, sich nach Einbruch der Dunkelheit draußen herumzutreiben. Ganz besonders gelte das für mich und meine Freundin sowie unsere Brüder, denn wir waren die Schlimmsten in unserem Viertel. Gemeinsam mit anderen Gespenstern würde der Wenzel vor einer Kapelle in der Nachbarschaft mit Totenköpfen kegeln; das mache ihn ganz gierig auf frisches Blut.

Doch so leicht ließen wir uns keine Angst einjagen und drehten den Spieß einfach um. Mal sehen, ob sich Hans nicht selbst vor dem bösen Geist fürchtete in seinem langen dunklen Mantel und dem tief ins Totengesicht gezogenen Hut. Also machten wir uns ans Werk: Hilde setzte sich auf meine Schultern, und im Mantel und mit dem Hut meines Opas erschienen wir in der Dämmerung vor dem Bäckereifenster, das fast bis zum Boden reichte, als Wenzel. Doch Hans war an den Maschinen so mit seinem Teig beschäftigt, dass er uns zunächst nicht bemerkte. Erst als wir leise ans Fenster pochten und ein unheimliches "Uuuaaah" stöhnten, ließ er sein Werkzeug fallen, raste aus der Backstube und stürzte auf uns zu. Uns blieb nur die sofortige Flucht. Wir rannten, so schnell wir mit der hinderlichen Verkleidung nur konnten, den Hans an unseren Fersen. Doch auf halber Strecke ließ er von uns ab, denn er wusste natürlich, dass wir das waren.

Am nächsten Tag schilderte er uns überaus dramatisch diese leibhaftige Begegnung mit Wenzels Geist, doch von da an konnte er uns mit seinem Schauermärchen keine Angst mehr einjagen.

Auch seine Warnung, dass es im Keller der Bäckerei spuke, reizte uns erst recht zu einer näheren Inspektion, die jedoch enttäuschend verlief. Denn außer einer Holzkiste mit einem großen Schloss gab es nichts zu sehen. Also öffneten wir die Truhe und entdeckten darin ein riesiges Wermut-Lager. Zu viert leerten wir eine Flasche und hatten anschließend einen ordentlichen Rausch. Wir schafften es gerade noch, nach Hause und ins Bett zu kommen. Am schlechtesten ging es dem Bruder meiner Freundin, der sich mitten auf den Platz vor der Bäckerei legte und sofort einschlief. Dort fand ihn Hans kurze Zeit später – zunächst der Meinung, das arme Kind sei krank – und hielt uns daraufhin eine solche Standpauke, dass ich bis heute eine Abneigung gegen Wermut habe.

Der ewige Jud'

Schon als Kind hatte ich immer die Probe aufs Exempel machen müssen. Zum Beispiel mahnte unsere Mutter, man dürfe am Karfreitag weder Fleisch noch Wurst essen – andernfalls werde Gott oder Jesus kommen und einen bestrafen. Natürlich hatte ich das gleich in der Praxis getestet, Wurst gegessen und dann den ganzen Tag gewartet. Als keiner kam, sagte ich am nächsten Tag zu meiner Mama: "Die verarschen euch alle nur!"

An Heiligabend machte ich einen weiteren Wahrheitstest, denn es hieß, wenn man nicht zur Christmette gehe, sondern sich vor der Kirche herumtreibe, dann hole einen ebenfalls der ewige Jud' (Judas). Also hatte ich mich mit einer Freundin nachts auf der Straße herumgedrückt, und wir gingen sogar auf den Friedhof, aber niemand war uns begegnet. Zur Erklärung sagte die Mama tags darauf zu mir: "Du darfst nicht vergessen, auf der ganzen Welt hat der ewige Jud' sehr viel zu tun."

All die katholischen Geschichten waren für mich in keiner Weise nachvollziehbar. Im Kommunionunterricht hatte ich unseren Pfarrer gefragt, wie Jesus nach seinem Tod den Jüngern erscheinen konnte, aber er hatte sich nicht einmal um eine Antwort bemüht.

Bei meiner Kommunionfeier hatte ich alles gehasst: das weiße Kleid, die Kerze und das ganze Brimborium. Das einzig Gute an diesem Tag waren die Geschenke, den Rest konnte man vergessen. In der Kirche hatte ich eine solche

Wut auf die ganze Heuchelei gespürt, dass ich am liebsten die Kerze über die Bänke geschlagen hätte und gegangen wäre, aber das konnte ich meinen Eltern doch nicht antun.

In einem solchen Umfeld aufzuwachsen war eine einzige Katastrophe für mich, und sobald es mir möglich war, bin ich auch aus der Kirche ausgetreten – ein echter Schock für meine Mutter. Denn sie ist sehr religiös und hatte jahrelang Angst, dass sie wegen ihrer Beschäftigung mit Astrologie von der Kirche verurteilt würde. Der Pfarrer in Etterzhausen hat dann auch tatsächlich im Frauenbund vor meiner Mama und ihrem Teufelswerk gewarnt. Denn wer sich mit Dreck umgebe, der werde auch im Dreck umkommen. Am liebsten hätte ich ihn gleich zur Rede gestellt, aber dann wäre meine Mutter in Ohnmacht gefallen. Ich konnte überhaupt nicht verstehen, dass sie sich das alles gefallen ließ. In meinen Augen war meine Mutter ein guter Mensch und sie hatte solch üble Nachrede nicht verdient, zumal besagte Frauen heimlich meine Mutter aufsuchten und ihren Rat einholten.

Viel Rauch um nichts

Meine Freundin und ich waren etwa zwölf Jahre jung, als wir mit dem Rauchen begannen. Mangels Geld hatten wir keine richtigen Zigaretten und mussten mit Schilfrohr vorlieb nehmen, das an der Naab wuchs. Davon wurde uns aber so hundeelend, dass wir einen ganzen Nachmittag nur am Fluss herumlagen, um uns von dem grässlichen Zeug zu erholen.

Mein Opa pflegte seine Zigaretten nur halb zu rauchen und sie dann in eine Blechbüchse zu legen, sodass er immer einen Vorrat hatte. Hin und wieder haben wir ihm einen halben Glimmstängel geklaut. Doch ich mochte meinen Großvater so gern, dass ich ihn nicht bestehlen und belügen konnte. So habe ich eines Tages gebeichtet und er reagierte ganz großartig: Er hat es zwar nicht toleriert, aber gemeint, wenn wir das Rauchen ausprobierten, würden wir schon merken, dass es uns in unserem Alter nicht gut tue.

Eines Nachmittags unternahmen meine Eltern einen Verwandtenbesuch, und ich nutzte sofort die günstige Gelegenheit, es mir vor dem Fernseher gemütlich zu machen – mit einer Genusszigarette. Doch plötzlich bekam ich von hinten eine solche Ohrfeige, dass ich beinahe aus meinem Sessel fiel: Der Vater hatte etwas vergessen und war noch einmal zurückgekommen. Obwohl meine Eltern selbst Raucher gewesen waren, setzte es eine Standpauke, die sich gewaschen hatte. Auch später, als ich schon erwachsen war, erntete ich immer noch missbilligende Blicke, wenn ich eine Zigarette rauchte.

Als mein Opa 1977 starb, konnte ich mich nicht mehr verabschieden: Obwohl ich, als ich die Nachricht erhielt, meine Arbeit in einer Kleiderfabrik sofort stehen und liegen ließ, kam ich zu spät. Von meinem Schmerz versuchte ich mich abzulenken, indem ich alle notwendigen Formalitäten erledigte, aber bei der Beisetzung brachen mein Bruder Sepp und ich am Grab zusammen. Für den wesentlich jüngeren Thomas bedeutete das ebenfalls eine sehr schlimme Erfahrung: Er verbarrikadierte sich einige Zeit auf dem Dachboden und kam nicht mehr herunter.

Später, als meine Oma zu Hause starb, arbeitete ich bereits spirituell. Das ermöglichte eine ganz andere Art des Abschiednehmens, ich konnte anders mit dem Tod umgehen und gewann dadurch selbst eine wertvolle Erfahrung. Das Zimmer war erfüllt von ihrer Energie, während ich liebevoll ihre Hände streichelte und mit ihr redete, bis sie gegangen war.

Nestflüchter

"Was willst du denn später einmal werden?", fragten mich die Nachbarn, als ich etwa zwölf, dreizehn Jahre alt war. Ich habe dann immer geantwortet: "Was ich einmal werde, das gibt es heute noch gar nicht." Näher erklären konnte ich das zur damaligen Zeit natürlich nicht.

Als ich endlich aus der Schule kam, musste ich notgedrungen irgendetwas tun. Die einzige Motivation meines Vaters lautete: "Wenn du so weitermachst, wird nie etwas aus dir und du wirst auf der Straße landen."

Eine Schulfreundin machte in einem Regensburger Kaufhaus eine Lehre als Verkäuferin, also versuchte ich das auch, allerdings nur meinen Eltern zuliebe, damit sie das Gefühl bekamen, ein normales Kind mit einer normalen Lehrstelle zu haben. Das war aber nicht von langer Dauer; immer hatte ich das Gefühl, von lauter Duckmäusern und Ja-Sagern umgeben zu sein. Dass ich immer alles hinterfragte, war zwar ein unbequemer Weg, auf dem ich jedoch vieles gelernt habe.

In der Pubertät fand ich Buben natürlich kindisch, rückständig und schwach, denn mein Männerbild war geprägt durch meinen Vater und meine drei Brüder. Letztlich war meine Mama diejenige, die immer da war und alles geregelt hat.

Mein Vater hatte wohl von sich selbst nicht das beste Bild: "Wir sind nichts, wir können nichts, und aus uns wird nie etwas werden, das müsst ihr euch merken, Kinder", war sein ewiger Leitspruch. Ich war etwa neun oder zehn Jahre alt, als ich schließlich genug von dieser Phrase hatte und antwortete: "Das mag vielleicht für dich gelten, aber bestimmt nicht für mich."

Als ich im Teenager-Alter war, fürchtete er, ich könnte ein uneheliches Kind heimbringen.

Ständig hatte mein Vater Angst, ich würde ihn in der Gemeinde blamieren – was ich auch oft getan habe, denn meist war meine Meinung zu jenen sogenannten Autoritäten völlig gegensätzlich. Meine Eltern oder meine Oma konnten sich ja gar nicht mehr wie normale Menschen verhalten, sobald sie dem Pfarrer oder Lehrer begegneten; die schämten sich wegen mir.

Und so wollte ich schon als Zwölfjährige zum ersten Mal ausziehen; ich war der Meinung, dass ich mein Leben alleine besser auf die Reihe bekäme als in der Familie. Das hatte ich mittags am Küchentisch auch offiziell verkündet, worauf mich der Vater in meinem Zimmer einsperrte.

Mit sechzehn habe ich es dann tatsächlich getan und zugleich auch noch meine Lehre abgebrochen, die ich als vergeudete Zeit betrachtete. Mein Vater ist förmlich im Dreieck gesprungen und hat mich aus reiner Hilflosigkeit geschlagen.

Damals hatte ich einen Mann kennengelernt, den ich später heiraten sollte, und ungefähr zwei Monate lang in Regensburg auf der Straße gelebt. Die Gemeinschaft mit den Obdachlosen war eine wertvolle Erfahrung für mich und gewissermaßen mein Familienersatz. Zwar hätte ich jederzeit nach Hause zurückgehen können, aber das wollte ich wegen der zu erwartenden Belehrungen nicht. Die Penner gaben mir zu essen und zu trinken, und ich hatte von ihnen sogar ihre schönsten Zeitungen bekommen, damit ich mich nachts im

Park zudecken konnte. Teilweise standen auch die Kirchen offen – damals gab es noch nicht so viele Kontrollen wie heute –, aber dort war es meistens genauso kalt.

Das Wichtigste für mich war, weg von zu Hause, von dieser kleinbürgerlichen Enge zu sein. Ich wollte, dass nicht jeder Tag gleichförmig verlief, sondern dass mein Leben ein Abenteuer war.

Allein in der Stadt Regensburg zu überleben, das war eine ganz neue Erfahrung; es war zwar hart, aber mir war bewusst, dass ich das schaffe. Oftmals hatte ich nichts zu essen und beneidete die Leute, die einfach in eine Bäckerei gehen konnten, um sich was Leckeres zu kaufen. Aber Not macht ja bekanntlich erfinderisch, und so erinnerte ich mich daran, wie gut ich mit Karten umgehen konnte, und setzte dieses Wissen gleich in bare Münze um. Also begann ich zu dieser Zeit, professionell Karten zu spielen und richtig zu zocken.

Anfangs wurde ich von den ausschließlich männlichen Spielern nur belächelt. Ich spielte nämlich gekonnt die Unschuld vom Lande, bis ich dann mein wahres Gesicht gezeigt und ihnen in der Regel das ganze Geld abgespielt hatte. Das ging so weit, dass die meisten nicht mehr mit mir spielen wollten und ich immer auf Frischfleisch vom Lande warten musste. Auch denen zeigte ich mich erst einmal naiv-unschuldig, bevor ich richtig loslegte.

Weil ich beim Kartenspielen sehr gut verdient hatte – beim Pokern lagen einmal 20.000 Mark als Einsatz auf dem Tisch –, bin ich schließlich auf die Suche nach einer möblierten Wohnung gegangen, in die ich dann mit meinem damaligen Freund eingezogen bin.

Ihn hatte ich durch Zufall kennengelernt. Eine Mitschülerin aus der Berufsschule und ich schwänzten den Vormittagsunterricht und trieben uns im Wartesaal des Bahnhofs herum. Da sahen wir ihn. Er war groß, hatte lange krause Haare und wir beschlossen gemeinsam, ihn zu erobern. Wir hatten sogar um ihn gewettet: Wer ihn abschleppt, hat gewonnen, und wer verliert, muss das Mittagessen bezahlen. Ich gewann, und er ist mir über viele Jahre geblieben. Hätte ich damals gewusst, was mich mit ihm erwartete, dann hätte ich ihn ihr freiwillig überlassen.

Vergewaltigt

Eines Abends wollte ich für mich und meinen Freund in einem Lokal etwas zu essen holen. Dabei musste ich durch einen dunklen Park, in dem mir ein riesiger Kerl auflauerte. Ich kannte ihn bereits vom Sehen her und wusste auch seinen Namen. Nichtsdestotrotz fiel er mit äußerster Brutalität über mich her, prügelte mich fast bewusstlos, schlug mir mehrere Zähne aus und vergewaltigte mich schließlich. Von den Passanten, die ich um Hilfe bat, griff kein einziger ein. Ich wurde blutend an den Haaren durch den Park geschleift. Mein alles beherrschender Gedanke war: Wie kann ich den Typen nur umbringen? Aber ich fand keine Waffe, keinen Stein oder Ähnliches.

Es war ein sehr traumatisches Erlebnis, und ich muss mit blutverschmiertem Gesicht und zerfetzten Kleidern fürchterlich ausgesehen haben. Deshalb half mir auch der Fahrer des Taxis nicht, in das der Täter mich zerrte, denn der glaubte wohl, ich sei betrunken, weil ich nicht mehr richtig sprechen konnte.

Außerhalb von Regensburg wurde ich – zum Glück, denn ich weiß nicht, was sonst mit mir passiert wäre – aus dem Wagen geworfen und bin dann irgendwie zu Fuß nach Hause marschiert. Daran habe ich keine bewusste Erinnerung mehr, aber einige Leute hatten mich gesehen und mich auch auf meinen elenden Zustand angesprochen.

Als ich endlich zu Hause ankam, war außer meinem damaligen Partner auch ein Freund da. Sie gingen sofort auf die

Suche nach dem gewalttätigen Hünen, doch sie konnten ihn in dieser Nacht nicht ausfindig machen. Als er später ein dreizehnjähriges Mädchen vergewaltigen wollte, wurde er erwischt und zu mehreren Jahren Haft verurteilt. Zuvor hat ihn ein Bekannter von uns, der ein ehemaliger Boxer war, noch so behandelt, dass er vor seiner Verhaftung ins Krankenhaus gebracht werden musste.

Es hat einige Jahre gedauert, bis ich dieses Erlebnis verarbeitet hatte. Lange Zeit bin ich abends nicht mehr allein vor die Tür gegangen und litt an Depressionen und Angstzuständen.

Ehemann Nr. 1

Um die Beziehung zu meinem Freund zu legalisieren, habe ich ihn mit neunzehn Jahren geheiratet. Das war ausgerechnet an einem Freitag, den 13. Mai 1977, und meine Eltern wünschten sich, wie sollte es auch anders sein, eine kirchliche Trauung. Bezeichnend für das Ganze war schon mal, dass ich kein eigenes Brautkleid hatte. Ich war der Ansicht, dass sich eine so teure Anschaffung nicht lohne, und habe mir eines ausgeliehen.

Der Pfarrer in Etterzhausen betonte allerdings mit strenger Miene, ohne Brautunterricht und Beichtzettel werde niemand getraut. Also musste ich mich wohl oder übel in der katholischen Kirche in einen dunklen Beichtstuhl zwängen und sah in der Mitte schon die Beichtzettel liegen, auf denen aber der Pfarrer die Hand liegen hatte.

Auf seine Frage, ob ich mit meinem Lebensgefährten schon Sex gehabt hätte, antwortete ich: "Logisch, schließlich leben wir seit zwei Jahren zusammen und können es nicht beim Ellenbogen rausschwitzen; außerdem geht Sie das gar nichts an." In diesem Moment nahm er endlich seine Hand von den Beichtzetteln, ich schnappte mir sofort einen und war auch schon draußen aus der Kirche.

"Na siehst du, so schlimm war das doch gar nicht", meinte meine Mutter. Aber ich habe mir am Altar gedacht: Ein Mann fürs ganze Leben, das kann niemals gut gehen! Nur aus diesem Grund habe ich geheult, als wir nach der Zeremonie aus der Kirche kamen. Froh war nur meine Mama, die einen ihrer Sprüche losließ: "Eine weinende Braut ist eine lachende Frau."

Erst nach der Heirat habe ich gemerkt, dass mein Mann meinem Vater sehr ähnlich war. Das begann bereits mit unserer großartigen Hochzeitreise zu seinen Verwandten im oberbayerischen Miesbach und zum österreichischen Wolfgangsee. Wieder einmal hatte ich mich gesellschaftlichem Druck gebeugt; und je mehr er meinem Vater ähnelte, desto weniger empfand ich für meinen Ehepartner.

Zu dieser Zeit arbeitete ich in einer Kleiderfabrik und schließlich lief alles genau in dem Fahrwasser, wie ich es auf keinen Fall haben wollte – eine einzige Katastrophe! Auch unser Tunesien-Urlaub war nicht das, was ich mir erträumt hatte: Ich wollte das Land erkunden, er wollte lieber seine Ruhe und am Strand liegen.

Für mich war Tunesien eine Offenbarung. Bei unserer Ankunft hatte ich bereits das Gefühl, nach Hause zu kommen. Ich fühlte mich total wohl und liebte am Abend meine Alleingänge in die Souks, in denen es allerhand zu sehen und vor allem zu riechen gab. Hier muss ich schon mal gelebt haben, dachte ich. Vor allem die arabische Musik hatte es mir angetan. In den folgenden Jahren besuchte ich Tunesien noch sieben Mal.

Dass ich unter diesen Umständen kein Kind von ihm bekommen wollte, war absolut klar, das hätte meinen Freiraum noch stärker eingeschränkt.

Wenn er getrunken hatte, schlug mich mein Mann. Als ich von Scheidung sprach, sagte mein Vater: "In unserer Familie kommt das nicht infrage, ihr bleibt zusammen."

Ich kündigte daraufhin meine Arbeit, packte meine Klamotten und bin mit den letzten fünf Mark, die ich noch übrig hatte, zurück zu meinen Eltern. Ohne Geld und ohne Auto saß ich jetzt wieder fest und sollte mich als Schwarzes Schaf der Familie vor den neugierigen Blicken der Nachbarn schämen, was ich aber absolut nicht tat. Die Meinung der Nachbarn war mir völlig gleichgültig. Ich war nur damit beschäftigt, mein Leben neu zu gestalten und von meinem Elternhaus wieder wegzukommen.

Um einige Formalitäten zu klären, traf ich mich noch einmal mit meinem Mann, der mich bei dieser Gelegenheit aus Wut am Hals packte und würgte. Im letzten Moment konnte ich flüchten, und als mein Vater die Würgemale sah, begriff er endlich, dass es nicht nur um einen normalen Ehekrach ging, sondern dass eine solche Beziehung keinen Sinn mehr hatte.

Sonst waren Vater und ich grundsätzlich fast immer unterschiedlicher Meinung, während das Verhältnis zu meiner Mutter sehr gut war. Ich teilte ihr Interesse an Astrologie und habe unzählige Bücher darüber gelesen.

In der darauf folgenden Zeit zog ich mich immer mehr zurück und rutschte allmählich in schwere Depressionen. Bei meinen Eltern konnte ich auf Dauer nicht bleiben und nahm dankbar das Angebot eines Bekannten an, bei ihm zu wohnen. Daraus entwickelte sich schließlich eine Beziehung, die aber mehr geschwisterlicher Natur war.

Er nahm mich mit zu einem Meditationskreis nach Regensburg und ich war froh, wenn ich mich dort nicht an den Gesprächen und Diskussionen beteiligen musste.

Einmal traf ich zufälligerweise meinen Ex-Mann auf der Straße, der mir damals noch ständig nachspionierte; er hatte offensichtlich im Auto auf mich gewartet und bat mich, zurückzukommen. Plötzlich hielt er mir eine Pistole an den Kopf; wie in Trance nahm ich ihm ganz ruhig die Waffe ab und das Magazin heraus. Heute kann ich nicht mehr nachvollziehen, wie die Pistole eigentlich in meine Hand gekommen war.

Kleiderfabrik

Weil ich meinem Vater beweisen wollte, dass ich auch in der Lage war, eine normale Arbeit anzunehmen, hab ich mich in einer Kleiderfabrik vorgestellt, und wurde auch prompt genommen. Meinen Vater hat das überhaupt nicht beeindruckt. Er war der Meinung, dass ich das sowieso nicht lange aushalten würde. Doch es sollten sage und schreibe sechs Jahre werden!

In dieser Fabrik arbeiteten fast ausschließlich Frauen, viele allein erziehende Mütter, die aufgrund ihrer Situation den "Bossen" ausgeliefert waren. Sie mussten Geld verdienen und wurden ausgebeutet, wo es nur ging.

Mein Gerechtigkeitssinn war sofort angesprochen und ich begann die Frauen aufzuklären und ihnen zu vermitteln, dass wir, wenn wir alle zusammenhielten, auch etwas erreichen könnten. Zunächst waren alle begeistert und wollten mich sogar zum Betriebsrat wählen, was ich aber ablehnte. Ich wollte nur aufklären und nicht die Anführerin sein.

Als dann wieder einmal die Situation von Überstunden auf uns zu kam, ging ich als Fürsprecherin der Belegschaft nach vorne und tat kund, dass wir alle mit dieser Regelung nicht einverstanden seien. Plötzlich war alles still hinter mir, und als ich mich umdrehte, musste ich feststellen, dass die Frauen mit gesenkten Köpfen hinter mir standen und anschließend doch wieder taten, was von ihnen verlangt wurde. Ich fühlte mich von ihnen verraten und schwor mir, nie wieder für sie einzutreten.

Dieser Vorsatz hielt jedoch nicht lange. Als sie uns unsere Rauchpausen kürzen wollten, was für mich die Einschränkung meiner persönlichen Freiheit bedeutete, auf die ich auch heute noch allergisch reagiere, hielt ich mich nicht daran. Andere Frauen schlossen sich mir an, und wir hielten unsere Pausen ein, bis der Abteilungsleiter und der Chef uns zur Rede stellten. Alle anderen schwiegen, bis auf mich. Ich teilte den Bossen mit, dass ich mir das nicht gefallen ließe. Ich war sogar so weit, eine Kündigung zu riskieren, nur um meine Rechte durchzukämpfen. "Leider" war ich zu gut in meiner Arbeit, sodass sie mir meine Pausen ließen und mir auch nicht kündigten.

Zur selben Zeit begann ich nebenberuflich mit meinem Mann in eine Direktvertriebsfirma einzusteigen. Das lief nach einiger Zeit so gut, dass ich den Job in der Fabrik endlich kündigen konnte. Das war einer meiner schönsten Tage!

Im Direktvertrieb

Im Direktvertrieb war ich ganz in meinem Element. Endlich konnte ich meine ganze Kreativität ausleben. Ich hatte mit Menschen zu tun, konnte Produktvorführungen machen und mir neue Lebensperspektiven erschließen.

Bald fiel ich der Führungsriege auf und wurde als Motivationskanone bekannt. Sogar auf Großveranstaltungen durfte ich reden und fühlte mich rundum wohl. Der Sitz der Firma war in Amerika und als wir damals nach USA flogen und uns das Imperium aus nächster Nähe anschauten, war mein Glück perfekt. Als wir nach sechzehn Stunden im firmeneigenen Hotel ankamen, kamen wir aus dem Staunen nicht heraus: Meinem Mann und mir wurde ein Hotelzimmer zugeteilt, in dem bereits ein bedeutender amerikanischer Staatsmann genächtigt hatte. Ich konnte all den Prunk gar nicht fassen.

Am nächsten Tag durften wir die Firma und alle Produktionsstätten besichtigen, und am Abend war eine Veranstaltung mit den beiden Firmengründern vorgesehen. Ich hatte schon immer wissen wollen, wie erfolgreiche Menschen erfolgreich wurden, und so hing ich an den Lippen der Vortragenden. Sie erzählten, wie sie praktisch aus einer Idee heraus dieses Imperium aufgebaut hatten, und nichts und niemand sie davon abbringen konnte. Sie sprachen mir aus der Seele. Ich wollte schon immer unabhängig sein und war der Meinung, dass ich das auch schaffen konnte.

Mein Glück war perfekt, als einer der Firmengründer

mich in der Lobby ansprach und mir eine Rose schenkte. Ich wertete das als ein Zeichen und rannte zu meinem Mann, um ihm von dieser schicksalhaften Begegnung zu erzählen. Er war wie immer misstrauisch und glaubte nicht an unseren Erfolg. Ich jedoch flog höchst motiviert nach Hause und wollte all das Gelernte sofort in die Tat umsetzen.

Leider, oder besser zum Glück, endete mein Höhenflug. Ich trennte mich von meinem damaligen Mann und musste feststellen, dass der Vertrag mit der Direktvertriebsfirma nur auf meinen Mann lief und ich nochmal von vorne beginnen müsste, wollte ich in dieser Firma weitermachen. Aufgrund der Trennung und dem damit verbundenen Stress hatte ich jedoch nicht die Kraft und Motivation dazu. Dennoch bin ich dankbar für all die wertvollen Erfahrungen, die ich in dieser Zeit machen durfte.

Meine erste Begegnung mit Vywamus

Mehrere Monate vergingen, bis ich – auch dank der Kontakte im Meditationskreis – allmählich lernte, mich wieder stärker aufs Leben einzulassen. Ein Teilnehmer, der sich mit Numerologie beschäftigte, redete öfters davon, dass ich super Voraussetzungen fürs Channeln mitbrächte. Doch ich war total am Ende und sah keinerlei Perspektiven für die Zukunft. Doch dieser Typ ließ nicht locker und erzählte mir von einer Janet McClure, deren Seminar ich unbedingt besuchen müsse. Damals hatte ich keinen blassen Schimmer, was Channeling überhaupt bedeutet – durch Nachfragen hätte ich mich nur wieder blamiert – und wiegelte deshalb mit Nachdruck ab, er solle mich damit bloß in Ruhe lassen.

Wenn ich mich manchmal zu Hause blicken ließ, steckte mir meine Mutter hin und wieder etwas Geld zu. Sie wusste, dass ich es brauchen konnte. Aber als sie mir eines Tages einen Umschlag gab, der exakt den Betrag für das Seminar plus Fahrtkosten nach München enthielt, konnte das kein purer Zufall sein! Also meldete ich mich widerwillig zu diesem Seminar in München an, um mir trotz meiner Bedenken das Ganze zumindest anzusehen.

In einer großen Privatwohnung in Schwabing saßen etwa zwanzig Frauen im Kreis, die für mich unverständliches Zeug von Chakren, Feinstoffkörpern und Aufgestiegenen Meistern schwätzten. Lauter Verrückte, ich hab's ja gleich gewusst, dachte ich und hoffte inständig, aus dieser Misere möglichst schnell wieder herauszukommen.

Dann endlich tauchte (die mittlerweile verstorbene) Janet McClure mit ihren Begleitern auf und verkündete, es gebe jetzt eine geführte Meditation mit Vywamus. Sie machte durchaus nicht den Eindruck einer durchgeknallten Eso-Tussi, sondern war eine sympathische Erscheinung, eher bodenständig. Ich hatte keine Ahnung, was ich tun sollte oder was jetzt passieren würde, aber in dieser Meditation berührte ganz unvermittelt eine Energie mein Herz in einem Bereich, in den ich normalerweise niemanden hineinlasse. Jeder Mensch hat einen solchen geheimen, intimen Bereich, und es war gleichermaßen beängstigend und faszinierend, diese Energie zu spüren. Dieser Klimbim geht nicht mit rechten Dingen zu und in der Pause verschwinde ich unauffällig von hier, hatte ich mir vorgenommen, weil ich fürchtete, die Kontrolle über etwas zu verlieren, das ich nicht einordnen und verstehen konnte.

Danach erklärte Janet, Vywamus wolle gern einige Worte an die Gruppe richten. Ausgerechnet ich war die Erste. Okay, dachte ich mit klopfendem Herzen, jetzt haben sie mich erkannt und werfen mich endlich raus. Doch zu meiner Verwunderung sagte dieses Wesen (oder was immer es war) durch Janets Mund, es sei prima, dass ich trotz meines Widerstands hier sei, und an der Zeit, meine eigentliche Lebensaufgabe anzutreten. Ein Aufgestiegener Meister namens Djwahl Kuhl werde mich in den kommenden beiden Jahren ausbilden.

Ich saß nun völlig verwirrt in dieser Schwabinger Wohnung, unfähig, das Geschehen zu begreifen, und fühlte mich eingehüllt in Liebe, akzeptiert und wunderbar geborgen von einem "Es", einer fremden Energie. Aber ich kannte die anderen Menschen nicht und bewahrte deshalb ein gewisses Misstrauen.

Schließlich kündigte Janet eine praktische Übung an, bei der zwei Teilnehmer jeweils das Polaritäts-Chakra des anderen channeln sollten. Der Schreck fuhr mir in alle Glieder, aber ich wagte auch nicht, einfach aufzustehen und aus dem Zimmer zu gehen. Als letzter Ausweg sagte ich zu meiner Übungspartnerin – ich kam ausgerechnet mit der Chefin dieser Eso-Truppe zusammen –, sie besitze bereits Erfahrung und solle darum mit der Übung beginnen. "Nein!", war ihre Antwort, "bei uns fangen immer die Neulinge an!" Aus Angst vor der unausweichlichen Blamage war mir richtig schlecht, denn ich hatte von solch seltsamen Sachen wie Polaritäts-Chakren und Channeling nach wie vor nicht die geringste Ahnung. Da legte mir Janet ihre Hände auf die Schultern und gab mir einige Anweisungen, die ich gewissenhaft befolgte.

Und das Unglaubliche geschah: Eine halbe Stunde lang channelte ich Vywamus durch mich. Als ich meine Augen wieder öffnete, saß mir meine verblüffte Übungspartnerin mit offenem Mund gegenüber. Sch…, was habe ich jetzt wieder gesagt, dachte ich verunsichert. Doch im Gegenteil, sie war begeistert – so sehr, dass sie später für mich Seminare in München organisierte. Was ich ihr genau erzählt habe, weiß ich bis heute nicht.

Janet grinste nur, als wäre es ganz alltäglich, was ich gerade erlebt hatte. Für mich war es das ganz und gar nicht, denn ich war gerade einmal sechsundzwanzig Jahre, hatte eine Vergewaltigung und eine gescheiterte Ehe hinter mir und – abgesehen von meinen verdrängten Erfahrungen in der Kindheit – keine konkrete Vorstellung davon, was auf dem weiten Feld der Spiritualität alles möglich war.

Dabei ist sogenanntes Channeln nichts anders als die bewusste Verbindung mit allem, was ist – das Ausdehnen der Wahrnehmung in eine höhere Dimension hinein, die über unsere physische Realität hinausreicht. Man mag es auch Andocken an eine Art universelles Bewusstsein nennen oder Kommunikation mit Gott, wenn auch nicht in dem Sinn, wie es uns die katholische Amtskirche weismachen will. Es gibt dafür viele Bezeichnungen und Beschreibungen, die aber nicht leicht zu verstehen sind für jemanden, der damit keine Erfahrung oder sogar Angst davor hat.

Die Aufgestiegenen Meister

Wenn ich von Aufgestiegenen Meistern wie Vywamus spreche, meine ich keine bärtigen Autoritäten auf Wolke sieben, sondern man kann sie sich wie Energieformen ohne Alter oder Geschlecht vorstellen. So wie auch Liebe eine gewaltige Energie ist, die in unzähligen Büchern, Gedichten, Filmen und Liedern aber nur in Teilaspekten und nicht allumfassend "erklärt" werden kann. Denn nur unser begrenzter Verstand sucht ständig nach logischen Erklärungen; kosmische Energien, Liebe oder Seele sind aber nicht rational begreifbar. Der Mensch ist nicht allein und isoliert, sondern verbunden mit allem, was lebt. Deshalb bin ich auch überzeugt, dass jeder channeln kann. Denn wir alle sind ein Teil dieser kosmischen Energie, aus der alles entstanden ist. Wir müssen uns nur wieder erinnern. Auch ist es nicht notwendig, dass jeder, der sich mit Channeling befasst, andere Menschen zwangsbeglücken muss, wie das so oft der Fall ist. Ich könnte unzählige Geschichten von selbst ernannten Medien erzählen, denen es nur um Aufmerksamkeit und Macht geht. Die aber nicht bereit sind, Verantwortung für ihr Tun und Sagen zu übernehmen. Es ist auch zu einfach, den Aufgestiegenen Meistern den Schwarzen Peter zuzuschieben. Die Lehrer der geistigen Hierarchie sind nicht dazu da, uns die Verantwortung abzunehmen. Sie sehen sich als Freunde und Begleiter, die uns Menschen nur beibringen wollen, Schöpfer unserer eigenen Realität zu werden. Wenn ich höre, dass ein Meister der Geistigen Hierarchie in einer Meditation einer Gruppe von mehr als zweihundert Menschen das gesamte Karma abnimmt, dann stellen sich mir die Haare auf. Ich finde es sehr schade, dass es immer noch Menschen gibt, die diesen Unsinn glauben.

Die Bibel der Christen ist voll mit Geschichten über merkwürdige Begebenheiten, über Menschen, die Stimmen hören und in fremden Sprachen reden, die Verstorbene sehen oder gar auferwecken, die die Zukunft voraussagen können und vieles mehr. Millionen von Katholiken richten ihr Leben nach dieser sogenannten heiligen Schrift aus; doch wenn sich heute jemand in die Fußgängerzone von München oder Frankfurt stellen und behaupten würde, er sei Jesus, auf den man schon seit zweitausend Jahren warte, dann wäre derjenige sehr schnell in der geschlossenen Abteilung der Psychiatrie verschwunden.

Während der gesamten Menschheitsgeschichte gab es in allen Kulturen und Zeitepochen immer wieder Ereignisse und von unzähligen Leuten geschilderte Erlebnisse, die durch Verstand und Wissenschaft allein nicht erklärbar sind. Von der Medizin vielfach dokumentierte Spontanheilungen sind nur ein Beispiel für die Existenz von "etwas" jenseits unserer gewohnten Normalität. Was man nicht begreifen kann, wird dann Wunder genannt. Was ist schon normal, wenn es doch laut unseren Wissenschaftlern Farben gibt, die wir nicht sehen, und Töne, die wir nicht hören können? Oder Energiestrahlen und winzige Lebewesen, die wir nicht wahrnehmen können?

Die Kommunikation mit einem Aufgestiegenen Meister ist für mich so selbstverständlich wie eine Unterhaltung mit der Nachbarin im Bäckerladen. "Was tut der, was kann er?"

sind die für mich entscheidenden Fragen und nicht, wie eine solche Energieform aussieht, denn sie könnte – wie in Science-Fiction Filmen – jede beliebige Gestalt annehmen. Zwar gibt es mediale Zeichnungen von Meistern, aber dazu habe ich keinen Bezug. Vor vielen Jahren hatte sich zum Beispiel der Meister namens Cantor mir als spanischer Edelmann gezeigt. Und man muss sich nur einmal vorstellen, wie viele unterschiedliche Bilder von Jesus existieren! Der war übrigens gewiss nicht der brave, nette Heilige, als den ihn die katholische Kirche gern darstellt.

Natürlich bin ich nicht rund um die Uhr sozusagen "online" und hinterfrage ununterbrochen alles, was geschieht. Wenn ich zum Beispiel im Supermarkt einkaufe, denke ich wie jeder andere Kunde daran, was es heute zum Essen geben soll.

Aber aufgrund meiner Bekanntheit im Schwandorfer Raum kommt es in meiner Umgebung schon mal vor, dass mich zum Beispiel eine Verkäuferin anspricht, sie hätte da ein kleines Problem und ob ich ihr nicht einen Rat geben könne. Dann muss ich etwas vorsichtig sein; ich habe in meinem ganzen Leben noch nie ein Heilungsversprechen gegeben – das könnte ich auch gar nicht, denn ich bin nicht die große Überfliegerin.

Nicht mein Ego braucht ein Erfolgserlebnis, sondern derjenige, der auf mich zukommt. Denn Krankheit bekommt auch ihren Sinn durch einen Erkenntnisprozess, aus dem wir im besten Fall etwas fürs Leben lernen.

So wie jeder Mensch seine individuelle Ausstrahlung hat, besitzt auch jeder geistige Lehrer eine ganz eigene Energie, die sich auch unterschiedlich anfühlt: sehr direkt oder leicht, und auch ihre Aufgaben unterscheiden sich. Vywamus zum Beispiel steht den Menschen sehr nahe und kümmert sich auf liebevolle Weise auch um ihre kleinen Probleme. Denn die aus unserer irdischen Perspektive so bedeutsamen Fragen sind meist ganz einfach für die Meister.

Dagegen ist das Spezialgebiet der Wesenheit namens Cantor die Heilung. Da geht es um Krankheiten, Diagnosen und die Selbstheilungskräfte des Menschen. Den Lehrer Lenduce wiederum würde ich als "Lichttechniker" bezeichnen. Der bekannte Meister Jesus ist eine wunderschöne Energie, die mit Liebe, Klarheit und dem Mut, zu mir selbst zu stehen, zu tun hat.

Auch unsere Mutter Erde besitzt ein eigenes Bewusstsein, und bei den Seminaren beginne ich jede Meditation mit einer Erdverbindung: Wir Menschen nehmen kosmische Energie auf und geben sie an die Erde weiter. Erdkontakt bedeutet Manifestation; sobald wir etwas denken, will der Gedanke sich manifestieren.

Im Laufe vieler Jahre habe ich oft Menschen kennengelernt, die bereits über Jahre meditiert hatten und Manifestationsübungen durchführten und nichts geschah. Daraufhin habe ich ihnen den Tipp gegeben, es einmal mit der Verbindung zur Erde zu versuchen, und siehe da, es hat sich alles verändert.

Ich finde es schade, dass das Wesen von Mutter Erde immer noch falsch gesehen wird und die Menschen nicht in der Lage sind, sich bewusst mit ihrer Energie zu verbinden. Dabei gibt sie uns all ihre Liebe und Heilenergie, und das jeden Tag und jede Nacht, einfach so, ohne gefragt zu werden. Je bewusster der Mensch diese wunderbare Energie für sein

Ganzwerden einsetzt, desto besser. Auch hier mein Rat: Probieren Sie es aus und Sie werden es selbst erleben. Es ist alles für uns Menschen da, um uns weiterzuentwickeln, wir müssen es einfach nur nutzen.

Blind wie ein Maulwurf

Vor meiner ersten Channeling-Erfahrung hatte ich während einer geführten Meditation ein sehr aufschlussreiches Erlebnis. Der Kursleiter sagte, wir sollten uns einen schönen Weg durch den Wald vorstellen, während die Vögel zwitschern, die Blumen blühen und so weiter. Ich saß also mit geschlossenen Augen da und nahm überhaupt nichts wahr, weder Schmetterlinge noch Blümchenduft. Es war einfach nur finster! Am zweiten Tag dachte ich: Wenn er jetzt wieder mit seinem Weg anfängt, kriege ich die Krise.

Zu meiner Überraschung sah ich während der Meditation plötzlich goldene Buchstaben und konnte lesen: *Ich sehe nicht, ich fühle!* Aufgrund dieses Schlüsselerlebnisses ließ ich mich endlich mehr auf mein Gefühl ein und erspürte, was der Lehrer meinte. Denn je mehr man sehen will, desto weniger spürt man – diese Erfahrung gebe ich auch auf meinen Seminaren weiter. Es war vermutlich sogar eine notwendige Voraussetzung für das, was ich wenig später bei Janet McClure erlebte.

Ich hatte nie schlaue Bücher oder andere Menschen zur Anleitung, sondern es ging bei mir immer ums praktische Tun; ich bin absolut keine Theoretikerin. Wenn ich inzwischen mit einem Meister Kontakt habe und Leute etwas wissen möchten, dann sehe ich meistens schon ein Bild, noch bevor die Antwort kommt.

Trotzdem bin ich wie jeder Mensch natürlich nicht frei von Ängsten, Traurigkeit oder Zweifeln. Als ich eines Tages wieder einmal seelisch down war und einen Durchhänger hatte, nahm mich einer der Lehrer mit ins dunkle Universum. Er wolle mir etwas zeigen, sagte er, und ich solle meinen Blick durch die unendliche Dunkelheit schweifen lassen. Mit einem Mal tauchten ringsum aus der Finsternis überall goldene Sterne auf und erhellten mit ihrem Blinken die blauschwarze Nacht – ein imposantes, überwältigendes Bild! Diese Sterne seien Symbole für die vielen Menschen, so erfuhr ich, denen ich in meinen vielen Leben schon geholfen hatte.

Ein anderes Mal besuchte ich während einer außerkörperlichen Reise eine Universität auf einem anderen Planeten; man konnte dort zwischen verschiedenen Vortragsthemen auswählen, und ich entschied mich natürlich für Astrologie.

Damals war mir nicht bewusst, dass ich außerkörperliche Reisen machte. Ich hatte volles Vertrauen und folgte nur den Anweisungen von Djwahl Kuhl. Wäre mir bewusst gewesen, dass ich öfter meinen physischen Körper verlasse, hätten mich keine zehn Pferde rausgebracht.

Es ist nämlich gar nicht so einfach, seinen physischen Körper zu verlassen, denn jede Zelle unseres Körperbewusstseins glaubt, dass das mit dem physischen Tod gleichzusetzen ist – und schwups!, ist man wieder in der physischen Realität.

Ich war stets sehr wissbegierig und konnte auch Astralwesen wahrnehmen, die als negative Energieformen von Verstorbenen an die Erde gebunden sind: als Angst, Eifersucht, Hass, Neid und vieles mehr. Dies sieht wie zäher Schleim aus, der sich um die ganze Erde legt, sodass sie keine Luft mehr bekommt.

Gerade in meiner Anfangszeit experimentierte ich viel mit solchen Dingen, denn ich wollte wichtige Erfahrungen sammeln. Also ging ich in Regensburg durch die Kneipen und lud diese Astralwesen ein, mit mir zu kommen. Ich hatte die Absicht, sie aufzulösen und die Erde von ihnen zu befreien. Die Folge meines gut gemeinten, jedoch unüberlegten Handelns war, dass sich diese Wesen so an mich hefteten, dass ich plötzlich Beine wie aus Blei hatte und keinen Meter mehr gehen konnte. Solche schlechten Energien können zum Beispiel auch Phantomschmerzen verursachen.

Bei einer anderen Gelegenheit hörte ich in einem Wiener Café eine Blaskapelle aus Astralwesen, die lärmend ins nächste Lokal weiterzog.

Das mag jetzt für manchen Leser ziemlich seltsam klingen, aber es entspricht meinen tatsächlichen Erlebnissen. Und es gab noch eine ganze Reihe weiterer Begebenheiten, die auch für mich selbst sehr beängstigend und befremdend waren.

Sehen, was andere nicht sehen

So hielten sich einmal Janet McLure und ihre Begleiterinnen im Sommer aufgrund eines Seminars in Regensburg auf, und ich hielt es für eine gute Idee, den Besuchern aus Amerika einen typischen Biergarten zu zeigen. Wir hatten gerade unsere Bestellung aufgegeben, als ich in meinem Kopf so etwas wie einen dumpfen Knall wahrnahm. Von diesem Moment an – und ich hatte noch keinen Tropfen Alkohol getrunken! – war nichts mehr stabil in dieser Welt, sondern Bänke, Bäume, Tische, Menschen bestanden nur noch aus flirrender Energie in wechselnden Farben, vergleichbar mit einer Bildstörung im Fernsehen. Nichts hatte mehr eine feste Form, sodass ich mich nicht mehr zu bewegen wagte. Erst als eine Mitarbeiterin von Janet mich berührte, war plötzlich wieder alles "normal" im Sinne der grobstofflichen Gestalt, die wir zu sehen gewohnt sind. Sie sagte daraufhin, ich könne Energiefelder wahrnehmen, also feinstofflich sehen, und müsse lernen, diese Fähigkeit – die von vielen spirituellen Menschen angestrebt wird – willentlich zu beeinflussen. Bei mir ist sie – wie so vieles – damals einfach passiert.

Oft werde ich in den Seminaren gefragt, ob man das feinstoffliche Sehen trainieren kann. Natürlich kann man bis zu einem gewissen Grad diese Fähigkeit trainieren. Doch sollte sich der Mensch auch bewusst sein, dass damit eine enorme Verantwortung einhergeht. Außerdem ist es nicht immer schön und angenehm, was man so alles wahrnimmt. In meinem Leben gab es viele Situationen, in denen ich mir gewünscht habe, nicht so viel sehen zu müssen.

Meine Wahrnehmung hat sich in den letzten fünfundzwanzig Jahren ständig weiterentwickelt. Zum Teil hatte ich Sehstörungen, mit denen jeder normale Mensch sofort zum Augenarzt gerannt wäre. Auch ich war anfangs etwas verwirrt und fragte Vywamus, was denn jetzt wieder los sei. Er beruhigte mich und versicherte mir, dass alles o. k. sei, und ich vertraute ihm, wie immer. Nach einigen Tagen waren die Sehstörungen verschwunden und ich musste feststellen, dass sich meine Wahrnehmung erweitert und vertieft hatte.

Jetzt bin ich in der Lage, Menschen zu scannen. Ich kann sowohl ihr Potenzial als auch ihre Dramen erkennen. Es ist für mich ein Leichtes, Blockaden aufzuspüren und Ursachen für so manche Unzulänglichkeit zu sehen. Diese Fähigkeiten nutze ich ausschließlich in meinen Seminaren und setze sie zum Wohle der Teilnehmer ein.

Cantor Holistic Touch wird geboren

Ab diesem Zeitpunkt arbeitete ein neuer geistiger Lehrer namens Cantor mit mir. Er unterrichtete mich mehrere Jahre in einer sehr tief greifenden und überaus wirksamen Heilweise, die er selbst entwickelt hatte: *Cantor Holistic Touch*. Am Anfang nannten wir sie einfach *Bodywork nach Cantor*. Sie funktioniert über verschiedene physisch-energetische Tor-Punkte, die alle untereinander verbunden sind und über die ich in alle Bereiche des Menschen heilsam einwirken kann. Es würde ein eigenes Buch erfordern, diese einzigartige Heil-Technik im Detail zu beschreiben. Jedenfalls konnte ich zusammen mit Cantor und seiner Technik vielen Rat suchenden Menschen helfen, selbst bei Aids, Krebs, Schizophrenie oder anderen schweren Problemen. Es kamen im Laufe der Zeit immer mehr austherapierte Patienten zu mir, und es gab Zeiten, in denen ich von früh bis spät nur Heilsitzungen machte. Dies war eine extrem lehrreiche, aber auch überaus anstrengende Zeit. Ich erlebte viele wundersame Heilungen, bei denen ich wusste, dass dies nicht mein, sondern Cantors Verdienst war; ich war jedes Mal sehr tief berührt und saß dann nach der Sitzung weinend in einer Ecke meines Büros.

Eine dieser Sitzungen werde ich nie vergessen und erzähle sie auch oft in meinen Ausbildungen: Eines Tages brachte man eine schwer depressive Frau zu mir. Sie war nach der Geburt ihres zweiten Kindes, eines Mädchens, in die Depression gefallen und nun seit sieben Jahren in der Psychiatrie in Behandlung. Sie wusste nicht einmal, dass sie eine Tochter hat, und sie weigerte sich, sie überhaupt wahrzunehmen. Ich begann mit meiner Arbeit und wusste, dass es viel Zeit benötigen würde, dieser Frau zu helfen. In den ersten Sitzungen reagierte sie überhaupt nicht und saß oder lag unbeteiligt da. Als sie das erste Mal lächelte, ging ich vor ihr auf die Knie und weinte vor lauter Freude. Ich wusste, dass wir auf dem richtigen Weg waren. Als sie das erste Mal bewusst ihre kleine Tochter in den Arm nahm, war das für alle ein bewegender Moment. Das Schönste war dann, dass sie gemeinsam mit ihrer Familie in den Urlaub fahren konnte. Das sind Erlebnisse, die ich nie vergessen werde.

Allerdings muss jeder Heiler auch so ehrlich sein und es den hoffnungsvollen Klienten sagen, wenn nichts mehr hilft, statt ihnen das Geld aus der Tasche zu ziehen und weitere Sitzungen zu vereinbaren.

Insbesondere Cantor und Vywamus sind über die vergangenen fünfundzwanzig Jahre die spirituellen Lehrer, mit denen ich hauptsächlich verbunden bin und arbeite. Alles, was ich mache und auf unseren Seminaren erzähle, habe ich auch selbst durchlebt. Ich habe – abgesehen von Büchern über Astrologie – nie esoterische Literatur gelesen. Ich wollte die Dinge immer selbst erleben und nicht nur nachlesen, was andere getan haben.

Das meiste in meinem Leben, wie ich es in diesem Buch schildere, habe ich auch nie forciert; die Dinge sind einfach geschehen. Dass ich im Fernsehen auftreten oder Seminare im Ausland halten würde, hätte ich in meinen kühnsten Träumen nicht gedacht. Und doch geschahen in meinem Leben immer wieder die merkwürdigsten Dinge.

Eines Tages bekam ich einen Anruf von einer mir unbekannten Frau, die durch eine Freundin von mir erfahren hatte. Diese Frau war, wie sie mir vertrauensvoll erzählte, schwer an Krebs erkrankt und bat mich, ihr zu helfen. Ich erwiderte, dass ich mich erst mit Cantor in Verbindung setzen müsste und sie mich in den nächsten Tagen nochmal anrufen sollte.

Doch Cantor sagte mir, dass wir nichts für die Frau tun könnten. Er gab mir nur den Rat für sie, sie solle viel mit rosa Energie an sich arbeiten. Ich hatte richtig Angst, der todkranken Frau diese Botschaft zu übermitteln. Als sie dann anrief und ich ihr sagte, dass ich nichts tun könnte und sie mit der rosa Energie arbeiten sollte, bedankte sie sich und ich hörte nichts mehr von ihr.

Monate später rief mich ihr Ehemann an und erzählte mir, dass seine Frau verstorben sei und er sich bei mir bedanken möchte. Ich fragte ihn überrascht, wofür er sich denn bedanken möchte. Daraufhin erzählte er mir, dass seine Frau, als sie bei mir angerufen hatte, mit ihren Kindern im Streit gewesen war und sie kein Wort mehr mit ihnen gesprochen hatte. Als sie auf meinen Rat hin begann, mit dem rosa Licht zu arbeiten, änderte sie ihre Einstellung und versöhnte sich schließlich mit ihren Kindern. Als dann der Tag kam, an dem sie sterben sollte, konnte sie inmitten ihrer Familie in Frieden gehen.

Meine erste schwarzmagische Erfahrung

Ende der 80er Jahre meldete ich mich zusammen mit meinem zweiten Ehemann zu einem Seminar über Numerologie in der Schweiz an. Vor Beginn hatte der Seminarleiter bereits unsere Geburtsdaten ausgewertet – was an sich nichts Ungewöhnliches ist. Doch am Ende des ersten Seminartages war ich total erschöpft und hatte das Gefühl, dass die gesamte Energie aus mir herausgelaufen sei.

Wir übernachteten im Seminarhaus und lagen im Bett, als mit einem Mal die Zimmerdecke auf uns herunterkam; sowohl mein Mann als auch ich konnten das deutlich wahrnehmen. Sofort verband ich mich mit Vywamus, worauf die Bewegung der Decke sofort stoppte.

Doch mit jedem weiteren Seminartag verlor ich mehr Energie, konnte schließlich nichts mehr essen und mich kaum noch aufrecht halten. Der Seminarleiter bat mich im weiteren Verlauf, ihn in Verbindung mit den Aufgestiegenen Meistern zu bringen und für ihn zu channeln, was ich jedoch ablehnte.

Während dieser Woche nahm ich fast zehn Kilo ab, sodass meine Mutter sich nach unserer Rückkehr über meinen elenden Zustand wunderte.

Zwei Tage später lag ich mit meinem Mann zu Hause im Bett; eine große Wurzel, die mein damaliger Partner mit einer Metallkette auf einem Raumteiler befestigt hatte, bewegte sich mit einem Mal und fiel – es kam mir wie in Zeitlupe vor – zwischen uns und verletzte mich leicht im Gesicht. Die

Kette war jedoch unversehrt, und es sah so aus, als hätte sich die Wurzel einfach daraus befreit.

Eine Nacht nach diesem Zwischenfall wachte ich unversehens auf und sah neben meinem Bett einen großen Wolf sitzen, der mich mit roten Augen anstarrte.

All diese merkwürdigen Ereignisse schilderte ich Janet McLure in einem Brief und fragte meinen geistigen Lehrer um Rat, denn ich verlor immer mehr Kraft. Seine Antwort war, dass dieser Seminarleiter aus der Schweiz als Schwarzmagier arbeitete und Wesen erschaffen hatte, die ständig mit Energie versorgt werden mussten. Aufgrund seiner numerologischen Auswertung meiner Daten hatte er von Anfang an mein spirituelles Potenzial und meine Kraft erkannt, die er sich auf magische Weise zu Nutze machen wollte.

Ich hatte Angst. Mit Hilfe von goldenem Licht und anderen spirituellen Praktiken gelang es mir schließlich, mich aus diesem Bann zu befreien.

Nach einigen Jahren rief mich dieser Magier an und fragte, ob ich ihm helfen könne. Toll, dachte ich, jetzt geht das ganze Theater von vorne los. Doch er sagte, es gehe ihm sehr schlecht, und bat mich um eine Heilsitzung, weil seine eigenen Wesen, die er erschaffen hatte, sich inzwischen gegen ihn selbst gewandt hatten. Als ich dann mit ihm arbeitete, fiel meine ganze Angst von mir ab, und ich empfand lediglich Mitgefühl für ihn.

Das war meine erste schwarzmagische Erfahrung; und leider sollte es nicht die einzige bleiben.

Erlebnisse im Krankenhaus

Nach einem Herzinfarkt lag mein Vater im Regensburger Krankenhaus der Barmherzigen Brüder. Immer wenn es ihm schlecht ging, wollte er mich in seiner Nähe haben. Also habe ich ihn täglich besucht, ihm die Hände aufgelegt und seine Tabletten weggeworfen. Auch bekam ich Kontakt zu den anderen Patienten im Krankenzimmer. Einer von ihnen hatte Probleme mit der Galle und durfte keinen Gurkensalat essen, den er über alles liebte. Als er mich um Hilfe bat, präparierte ich energetisch seinen Salat so, dass er ihn ohne Schwierigkeiten vertrug. Das klappte hervorragend. Auch die anderen Männer gaben ihm ihren Salat, bis uns eine Krankenschwester auf die Schliche kam und einen regelrechten Aufstand auslöste.

Ein Mitpatient musste wegen seines Herzschrittmachers häufig ins Krankenhaus; sein Problem war, wie mir Vywamus sagte, ein Hochspannungsmast in der Nähe seines Schlafzimmers. Nachdem er seinen Schlafplatz in einen anderen Teil des Hauses verlegt hatte, ging es ihm viel besser und er musste nicht mehr so oft ins Krankenhaus.

Wieder zu Hause, litt mein Vater unter Angstzuständen. Ich nahm ihn in den Arm, strömte ihm Energie ein und demonstrierte dadurch, dass das, was er immer abgelehnt hatte, sehr wohl funktionierte. Denn er beruhigte sich sogleich. Mit dem von meiner Mutter alarmierten Notarzt geriet ich in einen solch heftigen Disput, dass ich ihn sogar aus der Wohnung warf.

Viele Schulmediziner können bis heute nicht akzeptieren, dass Heilung auch – oder gerade – ohne Chemie, Impfung, Operation, Spritzen und Tabletten möglich ist.

Ähnlich war es, als es meinem Ehemann sehr schlecht ging und er kurz vor einem Nierenversagen ins Krankenhaus gebracht werden musste. Cantor hatte mir gezeigt, was los war: Mein Mann hatte ein durchgebrochenes Zwölffingerdarm-Geschwür, das von der Leber verdeckt wurde, und die Bauchdecke war bereits voller Eiter. Natürlich glaubte mir der weiß bekittelte Professor nicht, als ich ihn zu einer nächtlichen Notoperation drängte. Ich hatte daraufhin eine der Schwestern bestochen, damit sie mich anrufen sollte, sobald er operiert wurde, damit ich mich auf geistigem Weg mit einklinken konnte.

Aus der Ferne konnte ich während der Operation sehen, dass etwas nicht in Ordnung war; laut Cantor würde die Wunde in drei Tagen wieder aufplatzen. Ich versuchte, den behandelnden Chefarzt vorsichtig auf das Problem hinzuweisen, aber der kanzelte mich als medizinischen Laien – um nicht zu sagen als Trottel – in übelster Arroganz ab. Und natürlich platzte die Wunde wieder auf! Also holte ich meinen Mann am nächsten Tag aus dem Krankenhaus mit nach Hause – gegen den Widerstand des Arztes, der mich wohl am liebsten in Handschellen abgeführt hätte.

Rückkehr in mein Dorf

In den Jahren nach meiner ersten Begegnung mit Vywamus stand ich weiterhin in Kontakt mit Janet und wurde von ihr sogar für ihre Seminare gebucht, damit ich Cantors neue Heiltechnik anwende. In München kam sie einmal in der Mittagspause zu mir und sagte, ich solle am Nachmittag ihre Gruppe zum Thema Emotionalkörper übernehmen. Da saß ich wieder und ließ es einfach geschehen, ohne zu wissen, wie und was genau passieren sollte.

Meine gesamte geistige Ausbildung, ja mein ganzes Leben war ein lebendiges Experiment, und auch der einzig mögliche Weg, weil sich sonst zu viel Widerstand in mir aufgebaut hätte. Ich habe, im Gegensatz zum normalen Lernen, immer erst etwas gemacht und dann später dafür eine Erklärung bekommen.

Aufgrund der starken Mundpropaganda kamen immer mehr Hilfesuchende zu mir, sodass ich ausreichend große Räume benötigte. In meinem Heimatdorf stand ein Haus leer, das dem Regensburger Bischof Rudolf Graber beziehungsweise einer Erbengemeinschaft gehörte.

Durch meine früheren Transaktionen als Kind und Jugendliche war ich im Ort relativ bekannt, was aber keinesfalls mit *beliebt* zu verwechseln ist. Und ich hatte in Etterzhausen niemandem außer meiner Familie erzählt, was ich zum damaligen Zeitpunkt eigentlich machte.

Ich solle die Erbengemeinschaft anrufen, sagte Vywamus, und mich erkundigen, ob sie mir nicht das Haus vermieten wolle. Das brauche ich gar nicht erst zu versuchen, erwiderte ich, die Chancen liegen von vornherein bei Null. Als er nicht locker ließ, rief ich trotz meiner Bedenken an und handelte mir auch die erwartete Abfuhr ein.

Zwei Tage später rief mich meine Mutter an: Sie habe einen Anruf erhalten, dass ich das Haus nun doch haben könnte. Da war ich wieder mal platt!

Es musste eine Menge renoviert werden, wofür mein damaliger Freund und ich aber nicht genügend Geld hatten. Weil eine örtliche Bank günstige Kredite an junge Ehepaare vermittelte, hatten wir kurzerhand geheiratet. So kam ich zu Ehemann Nr. 2!

Nun war ich achtundzwanzig und wohnte in dem Dorf, in das ich nie mehr zurück wollte, neben dem Lehrer und dem Polizisten – ein Umfeld, das mir überhaupt nicht behagte. Zu dieser Zeit kamen viele Leute zu Einzelsitzungen, und den Nachbarn erschien das Auftauchen der vielen fremden Autokennzeichen recht merkwürdig, aber zu fragen hat sich niemand getraut. Ich hatte jedoch keine Lust, mich gegenüber all den Gerüchten zu rechtfertigen oder lange Erklärungen abzugeben. Außerdem plante ich damals bereits, dieses erzkonservative Dorf bald wieder zu verlassen.

Daskalos – der Magus von Strovolos

Ich hatte einen jungen Kater mit Namen Giaccomo, der die in der Regel tödlich verlaufende Virusinfektion FIP bekam. Verzweifelt saß ich in meinem Behandlungsraum am Schreibtisch, denn diesmal konnte auch Cantor anscheinend nicht helfen. Plötzlich erschien mir am hellichten Tag eine feinstoffliche Gestalt im Zimmer – eine lichtvolle Silhouette – und sagte, sie könne das Tier retten. Ich müsse den Virus in ein magisches Dreieck bannen, welches ich von ihm tatsächlich auch gezeigt bekam. Auf meine Frage hin stellte sich das Wesen als Daskalos vor, und ich glaubte, er sei ein Aufgestiegener Meister. Seine Energie fühlte sich auch wie eine höhere, nicht irdische Wesenheit an.

Das erzählte ich später meinem damaligen Partner, der nachdenklich sagte, er habe diesen Namen schon einmal irgendwo gehört. Etwas später gab mir ein nichts ahnender Seminarteilnehmer ein Buch mit dem Titel "Daskalos, Magus von Strobolos" und wollte wissen, ob ich schon von ihm gehört hätte; er lebe als Heiler auf Zypern. Ich war wie elektrisiert und wollte daraufhin unbedingt sofort nach Zypern.

Zu dieser Reise habe ich meine Mutter eingeladen; es war der erste Flug ihres Lebens. Sie war sehr aufgeregt, da sie bald einem großen Heiler gegenüberstehen würde, und überwand deshalb ihre Flugangst. Wäre Daskalos' magnetische Anziehung nicht gewesen, hätten meine Mutter keine zehn Pferde in ein Flugzeug gebracht.

Vor seinem kleinen Haus wuselten eine Menge Leute herum: Behinderte, Kranke und andere Rat Suchende. Auch Teilnehmer meiner Seminare aus der Schweiz hatten ihn schon besucht, wie ich später erfahren sollte.

Wir hatten einen Termin vereinbart und betraten das Haus, als Daskalos mich zu sich heranwinkte und sagte, ich solle neben ihm Platz nehmen. Das war ein überraschendes Privileg, doch ich fühlte mich nicht so wohl dabei, weil ich viele neidische Blicke von glühenden Anhängern erntete.

Ich wollte von ihm wissen, was ich an mir noch verbessern sollte, damit ich der Menschheit noch mehr dienen könne. Seine schlichte Antwort: Einfach weitermachen, alles sei in Ordnung, wie es sei. Für mich war es eine sehr emotionale, schöne Begegnung mit einem sympathischen, weisen und liebevollen Mann, der wusste, was er konnte und wer er war. Er war auch ein leidenschaftlicher Maler, und zur Erinnerung habe ich ein Bild von ihm gekauft, das ich heute noch besitze.

Ein Fall für die Psychiatrie?

Gut erinnern kann ich mich noch an ein Pärchen aus der Schweiz. Die Frau fiel immer wieder in eine frühere Inkarnation zurück und erlebte sich als Zigeunerin, die große Schwierigkeiten mit der katholischen Kirche hatte. Die Frau war im jetzigen Leben Mitte fünfzig, doch während ich mit ihr arbeitete, verwandelte sich ihr Körper in den eines Mädchens – ohne Altersflecken und faltenfrei. Ich holte meinen und ihren Mann dazu, die darüber völlig perplex waren. Wenn diese Frau an der Wand ein Kruzifix sah, wie das in Bayern oft der Fall ist, flippte sie total aus und glitt in eine andere Realität.

Als wir bereits im Blaubeerwald lebten, übernachteten diese Schweizer in einem Campingwagen vor unserem Grundstück. Eines Nachts lief die Frau auf und davon und vollkommen nackt über die Bundesstraße Richtung Schwandorf, bis sie schließlich von der Polizei aufgegriffen und in ein Krankenhaus gebracht wurde. Ich versuchte ihnen einen plausiblen Grund zu liefern, damit sie nicht in die Psychiatrie eingewiesen wurde, doch einige Zeit später passierte das Gleiche wieder. Ich arbeitete noch etwa zwei Jahre mit ihr und erfuhr später, dass ihre Depressionen im Laufe der Zeit verschwunden waren und sie endlich wieder ein normales Leben führen könne.

Im Bischofs-Haus hatte ich gerne gelebt und mich um die Verschönerung des Gartens gekümmert. Meine Oma war früher mit den Eltern des Bischofs befreundet gewesen, und als ich noch ein Kind war, hatte ich bei einem Besuch vorhergesagt: "Oma, in diesem Haus werde ich einmal leben." Als das dann tatsächlich der Fall war, ist mir der Vater des Bischofs erschienen. Er wollte, dass das Haus und der Garten wieder so schön wie damals werden sollen. Ich versprach ihm, meine Bestes zu geben, was nicht gerade leicht war, da alles ziemlich heruntergekommen und der Garten total verwildert war. Danach habe ich ihn nie wieder gesehen. Wahrscheinlich war er mit meiner Leistung zufrieden.

Treue Begleiter

In derselben Zeit hatte ich noch ehrenamtlich im Regensburger Tierheim gearbeitet und meinen Traum verwirklicht: einen eigenen Kater namens Lukas und ein Hund, den ich überall hin mitnahm. Gaspy, so hieß er, war eine Seele von Hund. Er war bei den meisten Seminaren dabei und half den Teilnehmern, in ihr Gefühl zu kommen. Meistens wusste er bereits vorher, wenn wieder mal alte Emotionen hochkamen, und leckte hingebungsvoll den Menschen die Hände ab.

Kurze Zeit später sollte Gaspy einen Freund bekommen, der Merlin hieß, komplett weiß war, ein Jahr alt und durch Überzüchtung blind geboren. Merlin war in Regensburg an einer Hauptverkehrsstraße ausgesetzt worden und im Tierheim gelandet. Gaspy und Merlin verstanden sich auf Anhieb. Als ich Merlin nach Hause holte, zeigte Gaspy ihm das ganze Grundstück und führte ihn durch das Haus. So wurde Gaspy ein Blindenhund für unseren blinden Hund!

Zudem lebten noch sechzehn Katzen in unserem Haus. Einige von ihnen hatte ich in Pflege, darunter eine Halbperser-Katze namens Lady Lou. Sie war sehr scheu und ihr Fell verfilzt und ungepflegt. Als sich herausstellte, dass sie an Krebs im letzten Stadium litt, entschied ich mich kurzer Hand, sie in den Garten zu lassen. Ihre Vorbesitzer, die sie nur eingesperrt und gequält hatten, hatten ihr keinen Freigang erlaubt. Es war wunderschön, wie diese Katze auflebte. Sie kletterte auf Bäume und konnte von ihrer wieder gewonnenen Freiheit gar nicht genug kriegen. Sie war es auch, die bei jeder Behandlung dabei sein musste und sich demonstrativ auf die kranken Stellen der Klienten legte, um zu helfen. Obwohl sie selbst todkrank war. Als sie starb, fand ich ihren leblosen Körper eines Morgens in unserem Wohnzimmer, eingerahmt von den anderen fünfzehn Katzen, die sich eine nach der anderen von ihr verabschiedeten und dann das Zimmer verließen. Lady Lou war wirklich eine ungewöhnliche Katze. Diese Art der Verabschiedung habe ich bei Katzen seitdem nie wieder erlebt.

Auch unsere Spaziergänge waren legendär, denn wer geht schon mit sechzehn Katzen und zwei großen Hunden im Wald spazieren. Viele Menschen, die uns begegneten, schüttelten ungläubig den Kopf und fragten mich, wie denn das möglich sei. Ich lachte und antwortete, wir seien eben eine Familie.

Da ich Tiere sehr liebe und sie immer mit Respekt behandelt habe, fiel es mir besonders schwer, meinen Mund zu halten, wenn ich sah, wie andere Menschen mit Tieren umgingen. Ich kann mich noch sehr gut an eine Begegnung mit einem Mann in Wien erinnern. Ich hielt damals mit meinem Bruder Joseph ein Seminar und wir ließen den Tag beim Heurigen ausklingen. Es setzte sich ein Mann mit einem Hund zu uns, und wir kamen ins Gespräch. Im Laufe des Abends stellte sich heraus, dass dieser Mann in einem Tierversuchslabor arbeitete. Ich war entsetzt, angesichts dessen, dass er selbst einen Hund besaß, jedoch nichts dabei fand, andere Hunde grausam zu quälen. Ich versuchte, ihn durch Argumente von diesen Untaten abzubringen. Er lachte mich aus und meinte, ich hätte überhaupt keine Ahnung, wie wichtig seine Arbeit für die Gesundheit der Menschen sei. Es sei absolut legitim, dass bereits Welpen in den Tierversuchslabors verenden. Leider glauben immer noch viele Menschen, dass es notwendig ist, Tiere auf diese grausame Art zu quälen; dabei gibt es zahllose Beweise, dass genau das Gegenteil der Fall ist. Wenn sich mehr Menschen informieren und Verantwortung für die Tiere übernehmen würden, dann könnte sich meiner Meinung nach auch auf diesem wichtigen Gebiet vieles ändern.

Das erste Mal live on TV!

Eines Tages klingelte mein Telefon und es meldete sich das Schweizer Fernsehen DRS mit einer Sendung namens *Dienstags-Club*. Man lud mich zu einem Live-Auftritt über das Thema "Jenseits-Kontakte" am Dienstag nach Ostern ein. Spontan sagte ich Ja, bekam aber sofort Angst vor der eigenen Courage und rief meine Mutter an. "Das hilft jetzt nichts", sagte sie nüchtern, "da musst du durch!"

Doch ich rief beim Fernsehen an und wollte mit der Begründung absagen, dass ich am Ostermontag erst spät abends von einem Seminar zurückkäme, folglich keinesfalls bereits am Dienstag in der Schweiz sein könne. "Überhaupt kein Problem", meinte die Frau am Telefon kurzerhand, "wir schicken Ihnen ein Flugticket von München nach Zürich, lassen Sie zum Studio abholen und reservieren für Sie ein Hotelzimmer." Meine Strategie ging also nicht auf. Hilfe!

Nervös wie ich war, ging ich am Dienstag in Regensburg noch zum Friseur, doch im ganzen Haus gab es ausgerechnet an diesem Tag kein Wasser, es musste erst bei einer Nachbarin geholt werden. Ich legte mit meiner inneren Anspannung tatsächlich die Wasserversorgung des Hauses lahm. Und in dem ganzen Chaos wäre ich am Nachmittag sogar beinahe zu spät zum Flughafen gekommen.

Schließlich im Hotelzimmer in Zürich heil angekommen, bin ich aufgeregt auf und ab getigert und habe mir den Kopf zerbrochen, was ich tun solle, um nicht ins Fernsehstudio zu müssen. Plötzlich sah ich die Minibar und dachte: Wenn ich die jetzt leer trinke, bin ich für die Sendung unbrauchbar. Was ich dann doch unterließ.

Schließlich wartete dann das gefürchtete Studio-Taxi vor dem Hotel, ein 600er Pullman Mercedes, der Wahnsinn!

Im Studio stand zu meiner Überraschung eine riesige rote Ledercouch mit Leuten, die alle nur Schwyzerdütsch sprachen. Für mich bedeutete das eine Riesenanspannung, und ich befürchtete, dass ich kein Wort herausbringen würde. Neben mir saß ein Herr Eisenbart, der ständig versuchte, an mir herumzugrapschen, sodass ich ihm öfter einen regelrechten Seitenhieb verpassen musste.

Als die Moderatorin mir nach einiger Zeit eine Frage zum Thema "Waldsterben" stellte, schaltete sich plötzlich Jesus ein. Das muss man sich einmal vorstellen: ICH HABE JESUS LIVE IM SCHWEIZER FERNSEHEN GECHANNELT! Da konnten die nichts herausschneiden. Und dies war eine unglaubliche Sensation.

Ich war nicht darauf vorbereitet, dass ich nach dieser Sendung gleich säckeweise Post mit überwiegend positiven Rückmeldungen erhielt. Kritische und negative Stimmen kamen natürlich hauptsächlich von der katholischen Kirche.

Für mich war das der unerwartete Türöffner in die Schweiz, in der ich dann die nächsten acht Jahre Seminare gab und noch mehrmals ins Fernsehstudio des DRS eingeladen wurde. Auch deutsche Fernsehsender wurden daraufhin auf mich aufmerksam, und so wurde ich in viele unterschiedliche Talksendungen eingeladen. Viele Schweizer Ratsuchende kamen sogar für Einzelsitzungen den langen Weg zu mir nach Bayern.

In dieser Zeit kamen auch immer wieder Channels aus

Amerika in die Schweiz, die allerhand widersprüchliche Aussagen über die geistige Welt an ihre Teilnehmer weitergaben, und ich hatte nach ihrer Abreise immer die Aufgabe, alles wieder ins richtige Lot zu bringen.

So kursierte einmal die Aussage, dass sich zwei der Aufgestiegenen Meister im Streit befänden, und die erst wieder gechannelt, also medial oder telepathisch kontaktiert werden dürften, wenn sie ihren Disput beendet hätten. So ein Quatsch! Wenn die sich wie wir Menschen stritten, wofür seien die dann gut, sagte ich meinen Teilnehmern, das könnten wir selbst ganz gut. Dafür brauchten wir ihre Hilfe nicht. Ich erklärte daraufhin wieder einmal, dass die Aufgestiegenen Meister nicht menschlich begrenzt sind und deshalb auch keine menschlichen Probleme oder Neigungen hätten.

Einmal ging das Gerücht um, dass Außerirdische kommen würden, um 144.000 Menschen von der Erde zu retten. Viele wollten die Erde verlassen, da sie diesen Planeten als Strafkolonie betrachteten und so schnell wie möglich von hier verschwinden wollten. Teilnehmer aus meinen Seminaren fragten mich daraufhin um meine Meinung. Ich antwortete mit einem Gleichnis: "Wenn ihr nachts auf einer Landstraße unterwegs seid und ein fremdes Auto hält neben euch und der Fahrer fordert euch auf einzusteigen, würdet ihr das tun?" Die meisten verneinten oder sagten, sie würden die Leute im Auto nicht kennen und deshalb nicht einsteigen. Ich sagte dann: "Aber in ein Raumschiff, von dem ihr nicht wisst, wo es herkommt und wer die Insassen sind, geschweige denn, was die mit euch vorhaben und wo die euch hinbringen werden, würdet ihr sofort einsteigen ..." Damit war die Sache bei meinen Teilnehmer meistens geklärt.

Etwas mehr gesunder Menschenverstand würde den meisten sehr gut tun!

Mein erster und bis heute treuester Fan in der Schweiz

Als Esther mich im April 1988 im Schweizer Fernsehen sah, schrieb sie mir einen Brief und bat um ein Einzelgespräch. Bei diesem Telefonat stellte sich heraus, dass Esther allerhand Probleme hatte, und ich sagte ihr, sie solle sich einfach ruhig hinsetzen und ich würde ihr die Energie von Vywamus senden. Gesagt, getan. Esther setzte sich bequem hin, schloss ihre Augen und erlebte zum ersten Mal eine außerkörperliche Erfahrung. Diese Erfahrung werde sie niemals mehr vergessen, versicherte sie mir später. Wir hatten von Anfang an einen guten Draht zueinander und sie war es, die das erste Seminar in der Schweiz für mich organisierte.

Doch das war noch nicht alles. Esther schrieb erneut an das Schweizer Fernsehen und überzeugte die damals sehr bekannte Fernsehmoderatorin Ursi Spaltenstein, mich zu sich ins Studio einzuladen. Ich bekam ein Einzelinterview mit Frau Spaltenstein und konnte dort meine Arbeit vorstellen. Esther hat mir in der Zeit sehr viel geholfen und war immer für mich da, wenn ich sie brauchte. Es hat sich im Laufe der letzten zwanzig Jahre eine tiefe Freundschaft, ja Verbundenheit entwickelt, die ich nicht mehr missen möchte.

Esther ermahnt mich auch immer wieder, nicht so viel zu arbeiten, obwohl sie weiß, dass ihre Ermahnung auf taube Ohren trifft. Sie selbst arbeitet ebenfalls zu viel, weil sie nicht nein sagen kann. Und so ermahnen wir uns gegenseitig. Wir haben auch sonst viel gemeinsam; wie ich liebt sie Tiere und die Natur über alles und setzt sich für den Tierschutz ein. Erst kürzlich hat eine Katze Esther adoptiert und führt in ihrem Haus, das am Waldrand liegt, ein königliches Leben. Esther hat sogar ein Archiv von meiner Arbeit angelegt. Sie kann sich an die meisten Einzelsitzungen erinnern, die wir gemeinsam hatten und die ich bereits wieder vergessen habe. Leider sehen wir uns sehr selten. Ich möchte dir an dieser Stelle, Esther, einfach Danke sagen für alles, was du für mich getan hast.

Ein Musikchannel wird geboren

Eines Tages regte der Aufgestiegener Meiste Lenduce an, ich solle Tonbandkassetten mit einer Lichtmeditation aufnehmen und meinen Bruder bitten, die Musik dazu zu spielen. Allerdings konnte mein Bruder Sepp damals mit solchen Themen überhaupt nichts anfangen und belächelte meine Arbeit eher; mit seiner eigenen Band bevorzugte er den erdigen Rock von Creadance Clearwater Revival. Gegen meine Überzeugung rief ich ihn an und handelte mir, ähnlich wie beim Haus des Bischofs Graber, die erwartete Abfuhr ein.

Kaum zu glauben, aber wahr: Zwei Stunden später fuhr Sepp in Etterzhausen vor, setzte sich mit seiner Gitarre auf meine Wohnzimmercouch und spielte mir eine spontan komponierte Meditations-Musik vor. Wieder einmal war ich völlig verblüfft. Bei einer Kassette blieb es natürlich nicht, und schließlich fuhr er mit zu meinen Seminaren, um die Meditationen mit Live-Musik zu begleiten.

Dadurch veränderte sich nicht nur sein Leben völlig, auch sein Bewusstsein erweiterte sich durch seine gechannelte Musik immer mehr. Mein Bruder, ein Realist, wie er im Buche steht, bekam daraufhin von den Aufgestiegenen Meistern einen Beweis nach dem anderen, dass sie und eine spirituelle Welt existierten. Ob er nun wollte oder nicht, er musste sich eingestehen, dass er tatsächlich ein Musik-Channel war – was bedeutet, dass die Energie der Aufgestiegenen Meister tatsächlich durch seine Musik in den Menschen und der Welt wirken kann. Er begann sogar, individuelle Seelenmusik für die Teilnehmer zu komponieren, und hat auch heute noch große Erfolge damit. Wir haben immer wieder erleben dürfen, wie sich durch seine Musik erstaunliche Heilerfolge einstellten, und wir sind oft gemeinsam nach Wien und in die Schweiz gefahren, um dort ebenfalls Seminare zu geben; und die Arbeit wurde mehr und mehr.

Ein Erlebnis werde ich sicher nicht vergessen. Eine Frau aus der Schweiz, die spastische Kinder und Jugendliche betreute, wagte ein Experiment mit ihrer Seelenmusik, die sie den Kindern täglich vorspielte. Sie zeichnete alles mit ihrer Videokamera auf. Und siehe da, eines Tages begann ein Junge seine Hände und Arme zu öffnen. Nicht nur er, sondern auch andere behinderte Kinder aus dieser Gruppe profitierten von Josephs Musik und zeigten positive Veränderungen. Daraufhin zeigte diese Frau ihre Aufzeichnungen den behandelnden Ärzten, die das Ganze als Zufall abtaten. Als mein Bruder damals von dieser Veränderung erfuhr, die seine Musik bewirkt hatte, brach er in Tränen aus. Ich glaube, dass ihm erst damals bewusst wurde, was seine Musik wirklich bewerkstelligen kann.

Mittlerweile sind er und seine Musik zu einem Geheimtipp geworden. Ich bin sehr stolz auf meinen Bruder und denke immer noch mit einem Schmunzeln auf den Lippen daran, wie durch die Anregung der Lehrer alles begonnen hatte.

Mein erstes eigenes Haus

Mein Leben Ende der 80er Jahre war sehr arbeitsreich: Montags kümmerte ich mich um Einkäufe, den Haushalt, den Garten und anderen Alltagskram, von Dienstag bis Freitag gab ich Einzelsitzungen, am Wochenende Seminare – von Privatleben konnte keine Rede mehr sein. Meine Ehe mit Ehemann Nr. 2 ging allmählich den Bach hinunter, und weil mein Mann zu allem Überfluss auch noch ein Alkoholproblem hatte, ließen wir uns Anfang der 90er Jahre nach sieben Jahren scheiden.

Ich suchte unverzüglich ein anderes Mietshaus, und der Filialleiter meiner Bank legte mir nahe, über einen Kauf nachzudenken. Doch alle Objekte, die infrage gekommen wären, waren entweder viel zu teuer oder in unakzeptablem Zustand.

Auf der Suche nach einem geeigneten Haus, ich war gerade im Auto unterwegs, forderte Vywamus mich auf, zu einer kleinen Tankstelle zu fahren und dort eine Zeitung zu kaufen. Darin würde ich finden, wonach ich suchte. Gesagt, getan – und es war tatsächlich ein geräumiges Objekt inseriert!

Noch am selben Tag traf ich mich mit der Maklerin und unterzeichnete einen Vorvertrag. Erst im Nachhinein wurde mir klar, dass ich unmöglich das notwendige Geld für ein solches Vorhaben aufbringen konnte. Vywamus schickte mich daraufhin einfach zur Bank und die mich wiederum zu einem Steuerberater, der von mir Bilanzen und Sicherheiten verlangte. Ich legte ihm eine Liste von Seminarteilnehmern

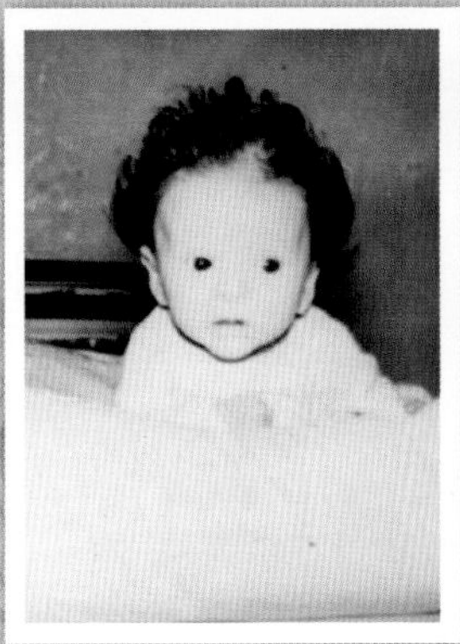

Das einzige Baby im Krankenhaus
mit dunklen Haaren und schwarzen Augen

Bereits mit 5 Monaten wunderte ich mich
über meine Welt

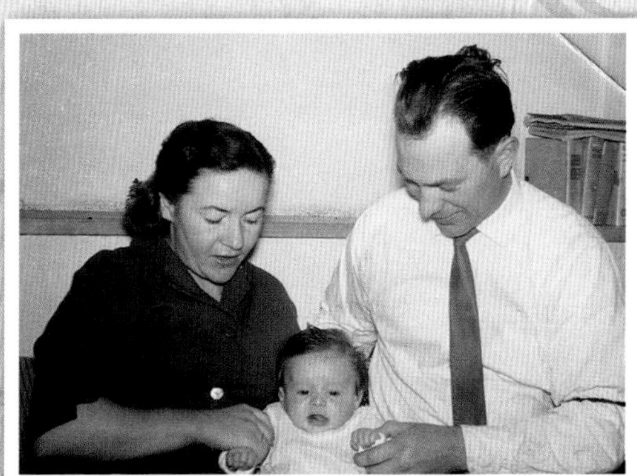

Mit 4 Monaten konnten mich meine Eltern
schon nicht mehr bändigen

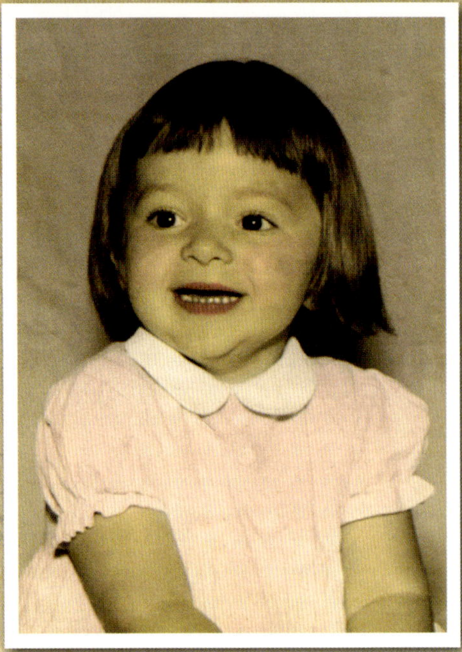

Mit 2,5 Jahren zum ersten Mal
im Fotostudio

Gemeinsam mit meinem Bruder Roland
auf einem der seltenen Ausflüge

Mein erstes Lebkuchenherzl

Mein erster Schultag und mein zweiter Fototermin

Der Schein des braven Landmädchens trügt

Meine wilde Zeit Anfang der· 70er Jahre

Mit neunzehn das erste Mal verheiratet

Mit zwanzig mein erster Urlaub am Meer in Ex-Jugoslawien

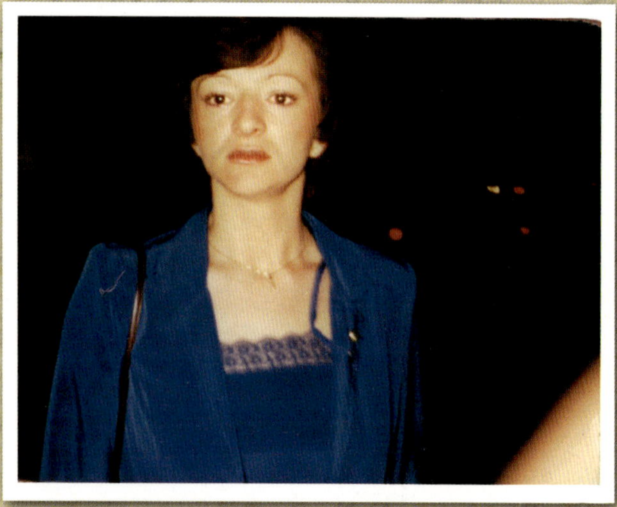

Mit zweiundzwanzig Jahren selbstständig im Direktvertrieb

Auch im Urlaub auf Korfu kümmerte ich mich um die wilden Hunde

Gaspy, eine Seele von Hund

Merlin, mein blinder Hund, der mehr wahrnahm als manch anderer

Meine Freundin Esther, die mich ins Schweizer Fernsehen brachte

Ein Musikchannel ist geboren: Mein Bruder Sepp in seinem Studio

Frisch verliebt mit meinem zukünftigen 4. Ehemann Martin in der Schweiz

Hochzyt aus Liebe

Ausflug in meine Heimatstadt Regensburg mit Schwiegermutter Heidi

Manuela und Christian, unsere Freunde aus der Schweiz

Endlich unser Paradies gefunden: Der zauberhafte Blaubeerwald

Der orientalische Männerturm im Zentrum des Blaubeerwaldes

Unsere Freunde aus Wien, Michi und Herbert, in der romantischen Blockhütte im Blaubeerwald

Findlingsbaby Sunny im zarten Alter von ca. 2 Wochen

Unsere Freundin Geli auf unserem Friesenhengst Winnetou

Auf dem Rücken von Akbal, dem Einstein unserer Pferde

Mit meiner Reitlehrerin und Freundin Geli an meinem fünfzigsten Geburtstag

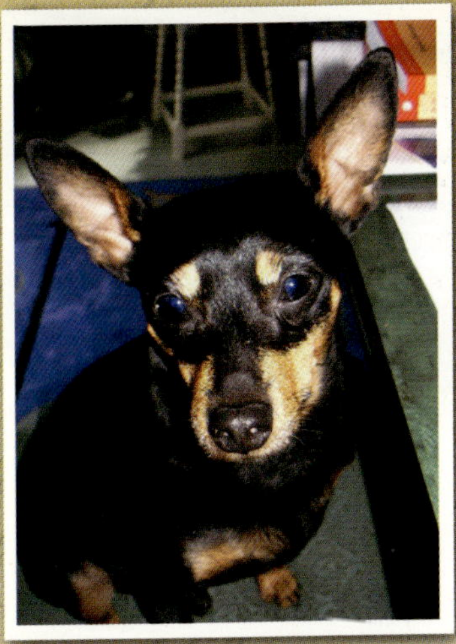

Idefix, Sheriff vom Blaubeerwald

Mit Lucy, der Kleinsten aber Frechsten von allen

Lucy und der Kater Willi am Chillen

The Golden Chicken Gospel Chor

Schwein gehabt: Tristan und Isolde, die Minnesota-Minipigs

Die besten Freundinnen:
Unser Sonnenhund Shemesh
und die freche Lucy

Das Rottweiler-Husky-Traumpaar
Ronja und Obelix

Der Gehörnte im Blaubeerwald: Zorro, unser Ziegenbock

Meine Mutter, die mich bereits als Kind in die Astrologie einführte

Alles andere als ein Engel: Chefkater Fritz the Cat

Pferdestärken im Blaubeerwald: Winnetou, Akbal und Sinan

Shemesh, unser sensibler Sonnenhund

Ek-Balam: Maya-Seminar im Blaubeerwald
Wolfgang Hahl, Miguel-Angel Vergara Calleros,
Aracelli und Uwe Rolli mit Yax-Men,
Antonio Oxte aus Mexico (v. l. n. r.)

Maya-Schamane Antonio bei einer Zeremonie
am Arber See im Bayrischen Wald

Im El-Al-Flieger auf dem Weg nach Israel

Delfin-Reisen ans Rote Meer von Eilat

Das Dolphin Reef in Eilat, unsere zweite Heimat

Am Feiern mit unseren Freunden Linda und Eyal in Eilat

In den Wüstenbergen von Eilat bei Sonnenuntergang

Mit meiner israelischen Freundin Maya in Jerusalem

Wieder vereint mit meiner Familie aus einem früheren Leben, den Zwillingen Kfir und Almog aus Israel

Silvester 2005 in Eilat

An einem der heiligsten Plätze der Moslem, dem Felsendom in Jerusalem

Mit einer Gruppe auf spiritueller Mexiko-Reise durch das Land der Maya-Hochkultur

Meine Freundin Aracelli aus Merida, Mexiko

Über dem sagenhaften Nil in Luxor

Mit meinen Eltern an meiner fünfzigsten Geburtstagsfeier

Auch noch mit fünfzig von schönen Männern umringt

Unsere Freundin und mittlerweile Mitarbeiterin
Ursula aus Wien

Ausgelassene Stimmung mit meinen Brüdern
Roland und Sepp

Auf zu neuen Ufern

vor, von denen er zur Überprüfung ausgerechnet eine Frau aus der Schweiz anrief, die bei mir sämtliche Kurse absolviert hatte Auf seine Frage nach Sicherheiten antwortete ich dem Bänker, dass ich die beste Sicherheit sei, die er kriegen könne. Gesagt, getan.

Nach kurzen Renovierungsarbeiten bin ich dann mit Sack und Pack und meinen Tieren in mein erstes eigenes Haus in Bruck, eingezogen. Und nur aufgrund des Telefonats und meiner Selbstsicherheit erhielt ich die Finanzierung zum Kauf dieses Hauses – angesehen hat es sich nie jemand!

Weil er unter Heuschnupfen litt, kam der zuständige Banker eines Tages in seiner Mittagspause zu mir zu einer Behandlung. Ich arbeitete mit *Cantor Holistic Touch*, der mir von Cantor übermittelten Heilmethode, und wunderte mich, dass er mit einem Mal gelbe Flecken und eiskalte Schweißausbrüche bekam.

Ein Teil seiner Persönlichkeit machte einen Bewusstseinssprung und ging zurück in eine frühere Inkarnation. Dies hat in der Regel bei jedem Patienten, der so etwas in einer CHT-Behandlung erlebt, mit einem früheren Todeskampf zu tun. In jenem Leben war er als Kind an Fleckfieber gestorben, und er hatte in diesem Leben tatsächlich ähnliche Symptome bis ins Erwachsenenalter durchlebt, erfuhr ich von Cantor. Er hatte mir darüber überhaupt nichts erzählt! Nach dieser einen Behandlung hatte er keinen Heuschnupfen und auch keine Hautprobleme mehr.

Mein erstes gechanneltes Buch

Als ich wieder einmal von einem Seminar nach Hause unterwegs war, schlug mir Vywamus während der Autofahrt vor, ein Buch zu schreiben. Ich war gar nicht so angetan von seinem Vorschlag, da ich sowieso schon so viel Arbeit hatte. Er ließ aber nicht locker und erzählte mir genau, wie er vorgehen möchte. Es sollte ein Interview mit ihm sein, in dem es darum gehe, die vielen unterschiedlichen Fragen der Menschen zu beantworten. Er wusste bereits die genaue Seitenzahl und hatte auch schon das passende Cover für "unser" Buch.

Kurz darauf begannen wir also mit diesem Buch. Es erschien nach ein paar Monaten fleißigen Channelns im Oktober 1992 unter dem Titel "Interview mit Vywamus", und ich war mächtig stolz auf Vywamus und mich.

Zwei Jahre später, ich saß gerade mit meinem Ehemann Nr. 3 in einem schönen Seerestaurant beim Essen, meldete sich Sanat Kumara, der spirituelle Leiter der Erde, und meinte, es sei an der Zeit, dass wir gemeinsam ein Buch schrieben. Er führte aus, dass es in diesem Buch um die Erde, ihre Reiche und die Menschen gehen sollte. Ich war dieses Mal gleich einverstanden, und so begannen wir mit der Arbeit an diesem Buch.

Anfangs ging alles ganz gut. Doch dann erwartete Sanat Kumara von mir, dass ich alles erst an mir selbst erleben und erst dann darüber schreiben sollte. Von dieser Idee war ich überhaupt nicht begeistert, da es unter anderem darum ging, sich in einen Berg hineinzuversetzen. Ich weigerte mich einfach und versuchte, seine Forderung als kleinlich und banal abzutun. Er seinerseits weigerte sich, mir unter diesen Umständen weiterzudiktieren, und so vergingen ein paar Monate.

Irgendwann wurde mir das Ganze zu blöd und ich dachte ernsthaft über mein Verhalten nach. Ich erkannte, dass es sich um meine Verweigerung handelte, mich wieder einen Schritt weiterentwickeln zu müssen. Hürden zu nehmen und eine neue Sichtweise zu erreichen kann manchmal ganz schön stressig sein. Mir wurde bewusst, dass es Sanat Kumara mit der Berggeschichte nur darum ging, meine eigene Stabilität zu stärken. Also fing ich an, seine Weisungen zu befolgen, woraufhin die Zeit bis zur Fertigstellung des Buches wie im Fluge verging. Auch mein zweites Buch, "Macht Euch die Erde untertan?!", wurde kurze Zeit später veröffentlicht. Noch heute bin ich Sanat Kumara für seine Weisheit und Hartnäckigkeit dankbar.

Ungeheuer auf Katzenjagd

Durch meine ehrenamtliche Arbeit im Tierschutz wusste ich natürlich um die Grausamkeiten, die Menschen Tieren antun. Aber dass es mich und meine Katzen auch einmal treffen würde, hätte ich nicht gedacht.

Es war an einem Sonntag im Hochsommer. Mein damaliger Partner und ich gingen wie immer mit unseren beiden Hunden im Wald spazieren. Bevor wir uns an diesem Tag aufmachten, fütterte ich noch unsere beiden jüngsten Kater Enzo und Max. Beide waren guter Dinge und machten sich mit ihrem erstaunlichen Appetit über ihr Fressen her. Zu diesem Zeitpunkt wusste ich noch nicht, dass ich sie das letzte Mal sehen sollte.

Nach unserem Spaziergang rief ich wie immer nach unseren Katzen, und sie kamen, nur die beiden Kater nicht. Zuerst dachte ich mir nichts dabei. Doch als sie auch nach Stunden nicht heimkamen, ging ich beunruhigt auf die Suche nach ihnen. Ich hatte ein flaues Gefühl im Magen und wusste bereits, dass ihnen etwas zugestoßen war. Ich fragte in der Nachbarschaft herum, und ein Mann erzählte mir von einer merkwürdigen Beobachtung. Er beschrieb einen alten VW-Bus, der langsam unsere Straße rauf und runter gefahren sei. Mir blieb fast das Herz stehen, da ich mit Gewissheit wusste, dass es sich um einen Katzenfänger handelte. Ich fragte ihn nach dem Autokennzeichen, doch leider konnte mir der Nachbar darüber keine Auskunft geben

Ich wollte gar nicht daran denken, was unseren beiden

Katern bevorstand. Katzenfänger gehen immer nach dem gleichen Schema vor. Die Katzen werden mit Baldrian angelockt und eingefangen. Wenn sie in den Ohren tätowiert sind, werden ihnen die Ohren abgeschnitten, damit man den Besitzer nicht ausfindig machen kann. Anschließend werden sie an Versuchslabors verkauft oder wegen ihres Felles getötet.

Fieberhaft überlegte ich, was ich unternehmen könnte. Ich entschied mich, in der Lokalzeitung ein Inserat mit einer Belohnung von 1.000 DM aufzugeben. Tatsächlich rief mich eine Frau aus dem Nachbarort an und erzählte mir, dass sie einen Mann beobachtet habe, der ihre Katze einfing und sie in einen VW-Bus einlud. Sie wollte den Mann daran hindern, doch er schlug auf die Frau ein und schubste sie weg. Sie habe sich jedoch das Autokennzeichen gemerkt.

Ich bat sie, zur Polizei zu gehen und Anzeige zu erstatten. Das wollte sie nicht, gab mir aber das Autokennzeichen. Daraufhin rief ich bei der Polizei an und erzählte von dieser Begebenheit. Der Polizist sagte mir jedoch, dass ihm die Hände gebunden seien, wenn die Frau keine Anzeige mache und ich selbst den Täter nicht in flagranti erwischen würde. Ich war richtig verzweifelt und fühlte mich hilflos.

Auf einmal hatte ich die rettende Idee. Ich rief einen Freund an, von dem ich wusste, dass er gute Kontakte zur Polizei hatte, und bat ihn, das Kennzeichen dieses VW-Busses zu überprüfen und mir die Adresse des Halters preiszugeben. Zuerst lehnte er ab, da das nicht erlaubt ist und er womöglich Schwierigkeiten bekäme. Doch ich konnte ihn überreden.

Als ich die Adresse des Katzenfängers in meinen Händen hielt, wollte ich sogleich los, um meine Katzen zu befreien.

Leider hatte ich keine Unterstützung von meinem damaligen Partner, ganz im Gegenteil, er wollte von einer Befreiungsaktion nichts wissen und erklärte mir, dass das zum einem illegal und zum anderen bereits mehr als eine Woche her sei, und die Katzen mit Sicherheit nicht mehr bei der angegebenen Adresse wären. Es entbrannte eine heftige Diskussion, bei der ich schließlich klein beigab. Bis heute weiß ich nicht, was aus den beiden geworden ist.

Tiere sind meine Freunde, und meine Freunde esse ich nicht!

Schon als Kind wollte ich kein Fleisch essen und wurde natürlich von meinen Eltern dazu genötigt. "Fleisch ist ein Stück Lebenskraft", ein Slogan, der heute immer noch Gültigkeit hat. Kein Mensch fragt danach, wie es denn den Tieren geht, die für diese sogenannte Lebenskraft ihr Leben lassen. Auch die Meinung, dass Tiere sich für uns Menschen opfern, entzieht sich meinem Verständnis.

Tiere sind doch Lebewesen. Sie empfinden wie wir Menschen, haben auch Schmerzen und Ängste und sind sich sehr wohl bewusst, wenn sie zum Schlachten gefahren werden. Der Konsument kauft sein Fleisch in der Regel in einem Supermarkt und hat jeglichen Bezug zum Lebewesen Tier verloren. Niemand macht sich Gedanken, wie viel Leid und Medikamente in einem Schnitzel verborgen sind.

Haben Sie jemals ein Ferkel oder ein Schwein in Todesangst schreien hören? Ich schon, denn unser Nachbar hat jedes Jahr ein, manchmal zwei Schweine direkt vor unserer Nase geschlachtet, und auch der Dorfmetzger war gleich um die Ecke. Diese Schreie gingen mir als Kind durch Mark und Bein. Damals habe ich mir geschworen, dass wegen mir kein Tier leiden soll.

Nun haben wir selbst zwei Schweinchen und wissen, wie intelligent sie sind. Außerdem sind Schweine absolut liebevolle Wesen. Studien haben ergeben, dass Schweine die Intelligenz eines etwa dreijährigen Kindes haben, und da kann kein Mensch glauben, dass sich diese Tiere freiwillig für uns Menschen opfern, damit wir etwas zu essen haben. Es heißt außerdem, dass in etwa täglich 120.000 Schweine uns Menschen zum Opfer fallen. Mich schockieren solche Zahlen zutiefst, und ich möchte nicht für dieses kollektive Massentöten mitverantwortlich sein.

Dasselbe gilt für Hühner und Gockel. Wir selbst besitzen solche Tiere. Sie können sich im Blaubeerwald frei bewegen und sterben an Altersschwäche.

Leider interessieren sich die Wenigsten dafür, wie das knusprige Brathähnchen auf ihren Tellern gelebt hat und wie es gestorben ist. Täglich müssen etwa 1,3 Millionen Brathähnchen für uns Menschen ihr kurzes und grausames Leben lassen. In der Regel werden die Hähnchen bei lebendigem Leibe geköpft, was nicht nur qualvoll ist, sondern auch ausgesprochen entwürdigend.

Auch Rinder, diese sanften und sozialen Wesen, deren Intelligenz in etwa der eines Hundes entspricht, werden von uns Menschen nur als "Nutztiere" bezeichnet und dementsprechend behandelt. Sie werden oft auf engsten Raum zusammengepfercht und gemästet, bis sie schlachtreif sind. Außerdem werden viele von ihnen ohne Betäubung kastriert, gebrandmarkt und enthornt – und das alles "zum Wohle der Menschheit".

Die meisten Menschen sind sich nicht bewusst, welches Karma sie sich mit ihrem Fleischkonsum aufladen. Als spirituell bewusster Mensch verfüge ich über eine sensible Wahrnehmung, die es mir nicht erlaubt, über Leben und Tod anderer Lebewesen zu entscheiden, und die mich antreibt, gegen

Unwissenheit und Ignoranz zu kämpfen, die solches Leid verursachen.

Mittlerweile gibt es endlich auch Studien, die belegen, dass der übermäßige Fleischkonsum den Menschen schadet. Außerdem gibt es viele leckere vegetarische Gerichte, die einen Fleischverzicht wirklich leicht machen.

Hochzyt aus Liebe

In Winterthur in der Schweiz habe ich 1993 erstmals meinen späteren, mittlerweile vierten Ehemann gesehen, als er am Seminar "Sexualität und Spiritualität" teilnahm. Von Liebe auf den ersten Blick konnte damals keine Rede sein, denn ich lebte gerade in einer völlig unbefriedigenden Ehe. Wenn die aktuelle Beziehung beendet war, wollte ich um keinen Preis mehr einen festen Partner.

Doch es sollte wieder einmal ganz anders kommen.

Im Sommer des nachfolgenden Jahres kam Martin aus der Schweiz zu einem weiteren Wochenseminar, diesmal in meine Heimat nach Bayern. Eigenartigerweise hat sich mein Noch-Ehemann Nr. 3 fürchterlich aufgeregt, als er Martins Namen hörte, obwohl er ihn gar nicht kannte. Doch er schien instinktiv zu ahnen, was noch kommen sollte.

Schon als Martin am Morgen des ersten Seminartages zur Tür des Saales hereinkam, konnte ich seine Gegenwart in meinem Rücken spüren; am liebsten wäre mir gewesen, er hätte sich umgedreht und wäre wieder aus meinem Leben verschwunden. Herr, lass diesen Kelch an mir vorübergehen, dachte ich. Ein vergebliches Stoßgebet. Intuitiv wusste ich nämlich, dass da etwas mit mir geschah, was mein Verstand kategorisch ausschloss.

Ganz entgegen meiner Gewohnheit, auf dem Weg zum Seminar Radio zu hören, hatte ich eine Meditationsmusik meines Bruders Sepp mit dem Titel "Solarplexus & Emotionalkörper"eingelegt. Durch die Musik entstand auf jeder

Fahrt zum Seminar vor meinem geistigen Auge eine Berglandschaft, einem Canyon ähnlich, in dem ein Indianer von einem Berg aus einem anderen etwas zuruft. Was ich zu diesem Zeitpunkt noch nicht wusste: Dieser Indianer war Martin! Denn wir kannten uns aus einer früheren Inkarnation, die sowohl mit meinem Partner als auch mit einem der Seminarteilnehmer zu tun hatte. Von diesem wurde ich immer behandelt, als sei ich seine Tochter. Dieser Mann war früher einmal mein Vater, und Martin mein Partner, der mich aus falsch verstandener Liebe erstochen hatte. Daher empfand ich während des ganzen Seminars körperliche Schmerzen in der Brust, und diese Inkarnation trat während der Seminarwoche immer stärker in den Vordergrund.

In einer Mittagspause fuhr ich mit Martin nach Cham, eine kleine Stadt in der Nähe unseres Seminarhotels, in der Absicht, ihm eine rein freundschaftliche Beziehung anzubieten. Denn ich wollte vermeiden, dass sich erneut etwas in meinem Leben anbahnte, was ich auf gar keinen Fall mehr wollte. Schon mein Ehemann Nr. 3 war – wie eigentlich alle meine bisherigen Ehemänner – mir zu dieser Zeit nur noch ein Klotz am Bein.

Doch dann geschah in dieser Woche wieder einmal etwas Unvorhergesehenes: Als Martin sich nach einem gemeinsamen Abendessen mit meinem Partner und dem anderen Teilnehmer verabschieden wollte, lagen wir uns plötzlich in den Armen und küssten uns innig. Emotional und logisch konnten wir das beide nicht einordnen, denn wir befanden uns in einer anderen Realität. Auf Martin hatte dies eine derartig intensive Wirkung, dass er nicht mehr selbst in das Seminarhotel zurückfahren konnte.

Als mein Mann mir – aus seiner Sicht heraus ganz verständlich – daraufhin heftige Vorwürfe machte, beendete ich endlich unsere Beziehung, mit dem Gefühl, dass ich vom anderen Geschlecht nun für alle Zeiten die Nase voll hatte.

Diese Geschichte schilderte ich auch einer guten Wiener Freundin am Telefon. Sie meinte, es sei höchste Zeit, dass wir uns endlich einmal wieder sähen, und ich solle Martin doch einfach mitbringen. Gesagt, getan! Wir fuhren nach Wien und mieteten uns in einem kleinen Hotel ein. Zum damaligen Zeitpunkt war ich noch sehr unsicher, ob ich mit Martin eine Beziehung haben wollte, und so entschlossen wir uns für getrennte Zimmer.

Aber meine Freundin Johanna – die meine früheren Partner ebenfalls kannte – hatte längst den Durchblick und sagte, ich solle nicht so rumzicken: Der sei endlich der Richtige für mich!

Als wir von Wien zurückfuhren, verloren wir kein Wort darüber, aber es war wie eine innere Absprache, und uns beiden völlig klar, dass wir wieder zusammengehörten und Martin von der Schweiz nach Deutschland ziehen würde.

Ausgerechnet in dieser Zeit hatte ich eine Ferienreise mit meinem Noch-Ehemann als Begleitperson gebucht, ließ ihn dann streichen und Martin an seine Stelle einsetzen. So verbrachten wir im September unseren ersten gemeinsamen Urlaub auf Zypern.

Damit wir die Insel erkunden konnten, liehen wir uns ein schönes Motorrad; doch schon am zweiten Tag verbrannte ich mir beim Absteigen das linke Bein am heißen Auspuff. Zunächst war es keine große Sache, aber die Verletzung entzündete sich schwer und explodierte dann förmlich. Obwohl es so schlimm wurde, dass ich kaum noch auftreten konnte, ging ich nicht gleich zum Arzt, sondern erst nach der Rückkehr von einem Seminar in der Schweiz und nachdem Martin mich dazu gedrängt hatte. Die mehrmalige Reinigung der Wunde mit einem Löffelschaber tat höllisch weh, und aufgrund der Schmerztabletten – die ich nur höchst selten nehme – brach mein Immunsystem komplett zusammen.

Die Bedeutung dieses Zwischenfalls wurde mir bald klar: Die vielen Verletzungen in meinem Leben hatten sich schließlich physisch manifestiert. Die linke Seite symbolisierte meine verletzte Weiblichkeit, die sich endlich von all den Schmerzen befreien wollte.

Die Situation wurde noch durch die Androhung meiner Familie belastet, sie werde den Kontakt zu mir abbrechen, falls Martin und ich ein Paar werden sollten. Ohnehin war die Beziehung zu meinem Vater wie so oft sehr angespannt. Aber dass sich jetzt meine ganze Familie geschlossen gegen mich stellte, war doch neu.

Bereits am 3.10.1994 – dem Tag der deutschen Einheit – ist Martin mit Sack und Pack bei mir eingezogen. Trotz des Widerstandes meiner Familie. Einige seiner Freunde halfen ihm beim Umzug und fuhren mit ihm den langen Weg von Oberwil zu mir nach Bruck. Christian, sein engster Freund, fiel mir sofort auf. Als ich ihn am Treppenabsatz stehen sah, dachte ich: Diesen Wuschelkopf kenne ich von früher. Spontan drückte ich ihm einen Heilstein in die Hand, der seine Wirkung nicht verfehlte. Als Martin mit seinen Freunden seine Sachen im Haus verstaut hatte, saßen wir noch zusammen und hatten sehr gute Gespräche. Vor allem Christian hatte eine Menge Fragen zu meiner Arbeit, und ich erkannte sein

Potenzial und wollte ihn darin unterstützen. So entschied er sich spontan, am nächsten Channeling-Kurs in zwei Tagen teilzunehmen. Er fuhr gleich am nächsten Tag zurück in die Schweiz, um in derselben Nacht erneut den Weg nach Deutschland anzutreten. Christian machte in den folgenden Monaten noch einige Seminare mit, und bei einem Meditationsabend, den wir in der Schweiz abhielten, lernte er auch seine jetzige Frau Manuela kennen. Mittlerweile sind sie stolze Eltern eines Buben, dessen Taufpatin ich bin. Im Laufe der Jahre hat sich (wieder) eine geschwisterliche Freundschaft entwickelt, die ich nicht mehr missen möchte.

Nach Martins Einzug fühlte ich mich zum ersten Mal in meinem Leben wirklich als Frau; geliebt, begehrenswert und schön. Ich war glücklich, dass ich die Entscheidung ganz allein für mich getroffen und auf niemanden außer mein Herz gehört hatte. Bisher in meinem Leben hatte ich meine Weiblichkeit nur allzu häufig verleugnet, außer wenn ich intuitiv tätig war.

Martin wollte ebenfalls als Seminarleiter tätig sein. Auf dieses Ziel hatte er schon die letzten Jahre hingearbeitet, seinen Platz aber erst noch finden müssen. Und mein eifersüchtiger Ex-Partner hatte alle unsere früheren Klienten verständigt, dass ich mich jetzt mit schwarzer Magie beschäftigen würde. Daraufhin gingen meine Einnahmen natürlich schlagartig zurück, und ich musste die Geschäftsbasis gemeinsam mit Martin erst wieder aufbauen. Unser erstes Jahr war daher sehr anstrengend, zumal wir aus vergangenen Inkarnationen auch noch einiges aufarbeiten mussten.

Mit seinem jungenhaften Charme hatte Martin nicht nur meine Mutter in Windeseile betört und bekehrt, sondern auch dafür gesorgt, dass sich das Verhältnis zu meinem Vater endlich besserte.

Heute habe ich eine Beziehung zu meinem Vater, wie ich es mir immer gewünscht habe. Ich freue mich sehr, wenn er mit stolz geschwellter Brust durch den Blaubeerwald geht. Er hat mir sogar anvertraut, dass ich einen von ihm lang gehegten Traum verwirklicht habe, nämlich Pferde. Wäre er nicht schon so alt, würde er mit dem Reiten beginnen. Der Blaubeerwald ist für ihn optimal, weil er voller Tiere ist, und er freut sich über jedes Tier, dass von uns ein Zuhause bekommt.

Mein Schwiegervater war ein ausgesprochen liebevoller, großzügiger und charmanter Mann, dessen Lachen buchstäblich die Sonne aufgehen ließ, und in seinem großen Herzen hatte ich sofort einen Platz. Obwohl er Schwyzerdütsch sprach und mein Vater Bayerisch, haben sich beide Männer von Anfang an verstanden und immer ein gemeinsames Gesprächsthema gefunden. Auch meine Schwiegermutter verstand sich auf Anhieb mit meinen Eltern, sodass Martin und ich uns oft überflüssig vorkamen, wenn meine Schwiegereltern sich mit meinen Eltern trafen.

Im April 1996 habe ich wieder einmal geheiratet – und diesmal war es eine echte Herzensentscheidung. Für mich war es die vierte Hochzeit, doch die erste richtige, das spürte ich genau. Eine unbeschreiblich beglückende und tiefe Erfahrung, denn in den bisherigen Beziehungen war ausschließlich ich die Gebende gewesen.

Nach der standesamtlichen Trauung sind wir mit einigen Freunden zu einer alten Burg gefahren, romantisch mitten im Wald gelegen, in deren Turmzimmer es eine wunderbare

Zeremonie gab. Wir saßen unterhalb des Tierkreises, der an die Decke gemalt war, und verbanden uns noch einmal ganz bewusst von Herz zu Herz. Martin schenkte mir einen Smaragdring, dessen Einfassung wie eine Sonne geformt war, und ich brach in Tränen aus. Die Sonne im Tarot ist nämlich unsere Beziehungskarte, und das zeigte mir, wie wichtig unsere Beziehung für Martin war.

Allerdings schmeckte das bestellte ayurvedische Essen scheußlich, weil sich die Köchin bei einem bestimmten Gewürz völlig verschätzt hatte, und so wurden auf die Schnelle für alle Spaghetti gekocht.

Nach gemütlichen Tagen in der Hochzeitssuite eines Hotels hatte uns bald darauf der Arbeitsalltag wieder.

Weitere TV-Auftritte

Im September 1997 wurde ich zusammen mit einem Schweizer Freund zu "Schreinemakers live" eingeladen, die *Aura Video Station* das erste Mal im Deutschen Fernsehen vorzustellen. Damals vertrat Dominic die amerikanische Firma, die dieses Computerprogramm herstellte. Seit 1995 arbeitet zwar mein Mann Martin erfolgreich damit, aber damals verfügte er noch nicht über die notwendige "TV-taugliche" Professionalität. Dieses Computerprogramm ist in der Lage, die menschliche Aura und die Chakren live in Bewegung zu zeigen, und hilft somit allen "Aura-Blinden", die energetischen Bereiche zu sehen.

Wir waren gerade von einer Delfinreise aus Eilat zurückgekehrt und durften uns gleich wieder auf den Weg nach Köln machen, wo Margarete Schreinemakers ihr Studio hatte. Bei unserer Ankunft wurden wir in das noch leere Studio geführt, wo die Moderatorin ihre Gäste begrüßte. Ich war ein bisschen enttäuscht von ihrem Studio, das im Fernsehen viel größer wirkte, als es wirklich war.

Margarete Schreinemakers begrüßte jeden einzeln. Als ich an der Reihe war, sagte sie zu mir: "Ja, Frau Strübin ... Sie sind doch diejenige, die das Unsichtbare wahrnehmen kann, und ich bin wirklich auf die Sendung gespannt." Dann erzählte sie noch einiges über den Ablauf der Sendung und verabschiedete sich, um sich vorzubereiten.

Wir wurden in die Maske begleitet und warteten auf unseren Auftritt. Im Backstage-Bereich wurden wir bewirtet und konnten die Live-Sendung über einen großen Monitor verfolgen. Dominic wurde zusehends nervöser, und ich beruhigte ihn. Als es dann endlich so weit war, nahm ich ihn an der Hand, und wir betraten gemeinsam das Studio.

Margarete stellte uns vor, und Dominic wurde aufgefordert, das Aurasystem einzuschalten. In der Zwischenzeit unterhielt sich Frau Schreinemakers mit mir und stellte etliche Fragen. Unter anderem: "Frau Strübin, dank Ihrer Hellsichtigkeit können Sie doch Menschen ganz anders wahrnehmen. Wenn Sie jetzt einen Mann kennenlernen würden, würden Sie den erst durchleuchten, bevor Sie sich mit ihm verabreden?" Ich antwortete schlagfertig: "Frau Schreinemakers, wenn ich einen Mann kennenlerne, dann schaue ich auf ganz andere Dinge als auf die Aura", und hatte die Lacher auf meiner Seite.

Dominic war nun mit dem Aurasystem endlich so weit, dass ein Schauspieler, dessen Namen ich vergessen habe, als Erster an die Station durfte. Ich musste nun erklären, was die Aura bedeutete. Dabei möchte ich anfügen, dass ich mit meiner feinstofflichen Wahrnehmung noch weit mehr wahrnehmen kann, als das Aurasystem zeigen kann.

Auch Margarete Schreinemakers legte vor fünfzehn Millionen Zuschauern live einen "Aura-Striptease" hin, und ich erklärte der Verdutzten, in welchem inneren Zustand sie sich in diesem Augenblick befand.

Als die Sendung vorbei war und wir alle gemeinsam auf der After-Show-Party waren, sagte ich noch zu ihr, dass ich das Gefühl hätte, dass ihre Sendung abgesetzt werden würde, wenn sich nicht etwas am Konzept änderte. Zwei Monate später gab es "Schreinemakers live" nicht mehr.

Später folgten noch Fernsehauftritte bei "Ilona Christen" und "Vera am Mittag". Mit Bedauern musste ich jedoch feststellen, dass das Fernsehen nur an Sensationen und Einschaltquoten interessiert ist und nicht an wirklicher Aufklärung, weshalb ich seitdem in keiner TV-Sendung mehr gewesen bin. Ich würde mich freuen, wenn ein Sender den Mut hätte, eine wirklich seriöse Sendung anzubieten, in der es nicht nur um Oberflächlichkeiten ginge.

Außerkörperliches

Während unseres ersten Urlaubs auf Zypern saßen Martin und ich bei Vollmond am Kap Greco und genossen den tollen Ausblick auf das im Mondlicht silbern glitzernde, dunkle Meer. Weil er sehr an außerkörperlichen Erfahrungen interessiert war, zeigte ich ihm gewisse Atem- und Meditationstechniken; die muss man wirklich trainieren, denn unser Körper meint sonst, er müsse sterben. An diesem Abend bin ich zu meinen Eltern ins Wohnzimmer "gereist". Ich konnte sehen, was es zu essen gab, welche Sendung im Fernsehen lief, und viele weitere Einzelheiten. Dann kehrte mein Bewusstsein wieder in meinen Körper auf Zypern zurück. Martin war enttäuscht, dass er es diesmal nicht geschafft hatte.

Wieder zu Hause, erzählte ich alle Details meiner Mutter, die antwortete: "Also hatte ich Recht, denn ich habe dich an diesem Abend deutlich gespürt." Sie weiß auch genau, wann ich am Telefon bin, wenn es klingelt, und fragt – wie ich – nicht lang nach Erklärungen für diese "seltsamen" Geschehnisse.

Mein Bruder Sepp war vor vielen Jahren mit seiner Familie nahe Regensburg in ein Haus gezogen und hatte sich ein Musikstudio im Keller eingerichtet. Dort schien es jedoch am Anfang nicht mit rechten Dingen zuzugehen: Hund und Katze wollten nicht in den Keller, es wurde gegen die Heizungsrohre geschlagen, obwohl niemand zu sehen war, sodass Sepp mich um Hilfe bat. Ich sah mich im Heizungskeller um, konnte aber auch feinstofflich nichts Besonderes entdecken.

Als ich mich schon wieder zum Gehen wandte, stand plötzlich ein Soldat in Uniform vor mir. Er war der verstorbene Ehemann der Hausbesitzerin und wollte keinesfalls, dass seine Frau das Haus der Tochter vererben würde. So erzählte mir der "Geist", er sei an Magenkrebs gestorben, und die Tochter werde das ganze Erbe verschleudern. Sie sei übrigens adoptiert, was niemand wisse. Aber wie hätte ich das seiner Ehefrau erklären können? Die Familie war mir fremd, und die Frau hätte mich sicher für verrückt gehalten, wenn ich mit dieser Information bar jeglicher Beweise zu ihr gekommen wäre.

Danach ging ich wieder nach oben und erzählte meinem Bruder, was ich erfahren hatte. Er glaubte mir zwar zweifellos, weigerte sich jedoch zunächst, zu seiner Vermieterin zu gehen, um ihr diese Begegnung zu schildern. Kurze Zeit später sprach er doch noch mit ihr; sie brach in Tränen aus und bestätigte meine Informationen. Trotzdem überschrieb sie ihrer Tochter das Haus, und wie ihr verstorbener Ehegatte es vorhergesagt hatte, ging im Laufe der Zeit alles den Bach runter.

Einige Wochen später stellte sich zudem heraus, dass das Gebäude auf einem alten Friedhof stand und die darunter begrabenen Toten den Lärm im Keller verursacht hatten. Denn die Verstorbenen waren darüber empört, dass man diese Häuser ausgerechnet über ihren Gräbern errichtet und damit ihre letzte Ruhestätte entweiht hatte.

Meine Freundin Johanna aus Wien ist eine große Liebhaberin von Papageien und steckte mich mit ihrer Begeisterung an. So wurde ich stolze Besitzerin eines schüchternen Graupapageien-Weibchens namens Robin, das sich schnell mit meinen Katzen anfreundete.

Zwei Jahre später, kurz nachdem Martin zu mir gezogen war, hatte er nach einem Kinobesuch das starke Gefühl, er müsse zum Tanken noch an eine ganz bestimmte Tankstelle fahren, die abseits unserer Wegstrecke lag. So fuhren wir, seiner Intuition folgend, dorthin. Und ob man es glaubt oder nicht: Direkt neben dem Eingang stand ein Käfig mit einem männlichen Graupapagei, der ganz zufällig auch noch verkauft werden sollte! So kamen wir am folgenden Tag mit unserem Kombi wieder, luden den Käfig samt Papagei ein und stellten ihn zu Hause mit offener Tür neben den von Robin. Obwohl Graupapageien in ihrer Partnerwahl sehr wählerisch sind, war es sofort Liebe auf den ersten Blick, und seitdem sind Marian und Robin ein Pärchen. Sogar ein sogenanntes Zuchtpärchen!

Heute würde ich allerdings einen Vogel auf keinen Fall mehr in einen Käfig sperren, sondern sie wie in Mexiko lieber in Freiheit beobachten. Wir bemühen uns zumindest, unseren Graupapageien so viel Raum wie möglich zu geben, was aufgrund ihrer verbliebenen Wildheit jedoch Grenzen hat.

Das Leben gerettet

Dass der Kontakt mit sogenannten Aufgestiegenen Meistern eine reale Wirklichkeit ist, dafür gibt es eine Fülle bezeichnender Beispiele, über die ich im Rückblick selbst immer wieder nur staunen kann. Martin und ich vertreiben zum Beispiel ein umweltverträgliches Waschsystem, und eines Abends stellten wir es verschiedenen Interessenten in einem Regensburger Hotel vor. Kurz nach Beginn der Veranstaltung forderte Vywamus mich mit Nachdruck auf, ein Gespräch mit einem jungen Paar unter den Zuhörern zu beginnen. Es nützte nicht viel, dass ich mich weigerte, in der Pause wiederholte er seine Mahnung, mit dem Pärchen in Kontakt zu treten.

Wenn er mich zu etwas drängt, so meine bisherige Erfahrung, dann steckt immer etwas Wichtiges dahinter. Also stellte ich mich den beiden vor und begann eine zwanglose Unterhaltung mit ihnen. Dabei erfuhr ich, dass sie zwei junge Polen waren, die ich – auf Vywamus' weitere Anweisung hin – zum nächsten Channeling-Seminar einladen sollte. Wie das gehen solle, fragte ich ihn, denn es war bereits Freitagabend und das Seminar begann schon nächsten Montag in der Früh. Wahrscheinlich hatten diese für mich fremden Menschen auch noch nie etwas von Channeling gehört – schließlich handelte es sich bei der Veranstaltung nur um die Vorstellung des ökologischen Waschsystems. Schließlich gab ich nach und lud die Frau, die nur gebrochen Deutsch sprach, mit ihrem Partner zum Seminar ein. Sie blieben unverbindlich, und ich war froh, endlich meine Ruhe zu haben.

Am Montag erschienen beide zu meinem Erstaunen zum Seminar. Damit nicht genug: In der ersten Pause kam die Frau auf mich zu und bedankte sich, weil ich ihr das Leben gerettet hätte. Völlig verblüfft wollte ich wissen, inwiefern. Wenn ich drei Tage vorher nicht mit ihr gesprochen hätte, so die Antwort, dann hätte sie sich noch in derselben Nacht das Leben genommen. Sie habe es bereits vor dem Besuch der Veranstaltung beschlossen. Sie käme mit dem Leben in Deutschland überhaupt nicht klar: keine Arbeit, Ärger mit den Schwiegereltern, alles war ihr einfach zu viel. Unser Gespräch und meine Ausstrahlung, so sagte sie, seien ein Wendepunkt für sie gewesen.

Und noch heute schickt sie mir als Lebenszeichen Postkarten. Hätte Vywamus mir schon am Freitag gesagt, worum es wirklich ging, wäre ich gar nicht fähig gewesen, unbefangen mit der Frau zu sprechen, und hätte mich für die schwierige Situation auch noch verantwortlich gefühlt.

Wenn ich alleine unterwegs bin, passiert es mir oft, dass fremde Menschen auf mich zukommen. Vor einem Flug von München nach Israel entdeckte ich auf der Toilette eine ältere, elegant gekleidete Dame, die wohl wegen eines Schwächeanfalls umgekippt war. Ich gab sie in die Obhut des Bodenpersonals und ging danach auf meinen Platz im Flugzeug. Nach wenigen Minuten tauchte die Frau auf, der ich zuvor geholfen hatte, belegte ausgerechnet den Sitz neben mir und redete bis Tel Aviv ununterbrochen. Ich erfuhr ihre komplette Lebensgeschichte inklusive sämtlicher Krankheiten. Und obwohl wir uns eben erst kennengelernt hatten, fragte sie mich nach dem Hintergrund ihrer Krankheiten. Sie gab mir ihre Visitenkarte und lud mich ein, ich könne mich mit meinem Mann jederzeit bei ihr in Israel melden und sogar bei ihr wohnen.

Ähnliches passiert mir öfter, insbesondere wenn wir in Eilat sind, und Martin muss mich manchmal bremsen – wenn es nicht wirklich wichtig ist – und mich ermahnen: Hey, jetzt reicht es wieder, wir machen hier Urlaub. Lass die Menschen sich mal wieder um sich selbst kümmern!

Unsere Essenzen und Haut-Öle entstehen

An einem beschaulichen Spätsommertag 1995 saßen wir gerade gemütlich beisammen, als sich die Meister Lin und Lenduce bei mir meldeten, um mir einen Vorschlag zu unterbreiten. Ich war sofort misstrauisch, da ich ahnte, dass noch mehr Arbeit auf uns zukommen würde. Martin war ganz Ohr, und so begannen sie, uns ihre Idee mitzuteilen. Sie würden gemeinsam mit uns energetische Essenzen herstellen, die den Teilnehmern am Seminar das Channeln erleichtern würden. Damit hatten sie mich bereits geknackt. Denn wenn es um das Wohl meiner Teilnehmer geht, bin ich für alles zu haben. Ich hatte nur einen Einwand: Ich wollte es erst einmal mit *einer* Essenz versuchen, um ihre Wirkung zu testen. Meister Lin, auch 'der kleine Chinese' unter den Lehrern genannt, sagte, das wäre kein Problem; und so entstand die erste Essenz "All-Eins-Sein".

Bei der nächsten Channeling-Ausbildung wurde die Essenz getestet. Dafür suchten wir uns die kopflastigsten Teilnehmer aus und gaben ihnen zur Sicherheit keinerlei Informationen, womit sie es zu tun hatten. Das Ergebnis überzeugte uns voll und ganz.

Durch unsere Begeisterung ermutigt, schlugen darauf Lin und Lenduce vor, noch weitere Essenzen zu unterschiedlichen Themen herzustellen. Schließlich waren und sind es bis heute zwölf Essenzen, die wir aber dann leider nicht mehr verkaufen konnten, da die Lehrer uns davon abrieten, die Essenzen mit Alkohol zu versetzen und wir daraufhin keine Genehmigung für einen Vertrieb bekamen. Parallel dazu stellten wir unsere Haut-Öle zu den jeweiligen Themen her, die bis heute noch bei uns zu beziehen sind und die ich alle von Hand abfülle. Sie kommen im Besonderen bei den *Cantor Holistic Touch*-Anwendungen oder Massagen zum Einsatz, und das in sehr vielfältiger Weise. Wir haben zum Beispiel Anwender, die es lieben, die Öle in das Badewasser zu geben, oder solche, die ihre Chakren damit behandeln. Jedes Mal wenn ich in meiner alchimistischen Küche sitze und die Fläschchen abfülle, bin ich hinterher high und brauche eine ganze Weile, um wieder auf der Erde zu landen.

Wir eröffnen ein Geschäft in Schwandorf

Eigentlich sollte man meinen, dass wir schon genug zu tun hatten. Doch wie das Leben mit den Lehrern so spielt, kam wieder etwas Neues hinzu. Eine Freundin saß am Abend mit uns im Wohnzimmer und wir sprachen von Gott und der Welt. Dabei kam die Frage auf, was sich denn ein jeder von uns am meisten wünsche. Meine Freundin sagte mit verträumten Augen, dass ihr größter Wunsch ein esoterisches Fachgeschäft sei. Sofort meldete sich Vywamus und unterbreitete uns gleich den geeigneten Namen für das Geschäft, und er sagte uns auch seine Unterstützung zu. Wir waren zuerst einmal baff und sponnen die Idee weiter. Es stellte sich heraus, dass meine Freundin über das notwendige Kapital verfügte und wir über das Know-how.

Also gingen wir auf die Suche nach geeigneten Räumlichkeiten in Schwandorf und fanden auch ein sehr großes Ladengeschäft in der Schwaigerstraße, das zur Miete angeboten wurde. Nach einer kurzen Besichtigung waren wir uns mit dem Vermieter einig und gingen daran, das Geschäft einzurichten. Damals wussten wir noch nicht, dass wir uns in unserem Enthusiasmus übernehmen würden.

Im Sommer 1996 eröffneten wir unser Geschäft und nannten es nach Vywamus' Vorschlag Mer-Ka-Ba. Unser Geschäft verfügte über einen großen zusätzlichen Raum, wo wir Meditationsabende anboten und auch Referenten für Vorträge einluden. Wir freuten uns sehr, dass wir den Maya-

Papst Johann Kössner verpflichten konnten, der uns ein volles Haus garantierte.

Unser Geschäft lief mal gut, mal schlecht. Reich konnten wir damit nicht werden.

Als wir unser zweijähriges Jubiläum feierten, wollten wir unseren Kunden etwas Besonderes bieten und luden Jan van Helsing (Jan Udo Holley), der wegen seiner verbotenen Bücher damals in allen Medien war, als Gast ein. Unsere Mer-Ka-Ba schien aus allen Nähten zu platzen, so viele Menschen kamen von überall her, und es wurde ein voller Erfolg. Doch leider konnten wir die Umsätze auf Dauer nicht halten, und als meine Freundin sich auch noch von ihrem Partner trennte, war das Chaos perfekt. Wir hielten Krisensitzung und beschlossen, es noch einmal in Regensburg zu versuchen. Ein Ladengeschäft in der Nähe der Steinernen Brücke war bald gefunden und wir zogen um. Eigentlich hätten wir das gar nicht mehr tun sollen, aber keiner von uns wollte damals wahr haben, dass das Projekt Mer-Ka-Ba gescheitert war. Kurz darauf waren wir um eine Erfahrung reicher und hatten zudem noch Restschulden zu tilgen. Wahrscheinlich ist das Geschäft daran gescheitert, dass wir unserer Freundin zu viel aufgebürdet haben. Es war uns aber damals auch gar nicht möglich, sie mehr zu unterstützen, da unsere eigenen Seminar und Reisen immer mehr Zeit in Anspruch nahmen. Trotzdem denke ich gerne, mit einem weinenden und einem lachenden Auge, an diese Zeit zurück.

Allessaro, der Engel der Lebensfreude

Viele Menschen fühlen sich zu Engeln hingezogen, Engel scheinen ein besonderes Image zu haben. Nicht so Allessaro, der Engel der Lebensfreude.

Als Allessaro sich das erste Mal bei mir meldete, bekam ich einen Lachanfall. Seine Energie scheint die Menschen zu kitzeln, und seine geistigen Bilder sind einfach zu komisch. Seine Botschaft lautet: Seid unbefangen wie Kinder, nehmt euch selbst nicht zu ernst und lernt wieder lachen.

Allessaro freut sich jedes Mal, wenn er auf einem Seminar dabei sein kann. Wenn ich den Teilnehmern von ihm erzähle, sind sie immer ganz aus dem Häuschen und wollen, dass ich ihn rufe. Doch das ist überhaupt nicht notwendig, denn Allessaro spürt das Bedürfnis der Menschen, wieder einmal ausgelassen zu sein und lauthals loszulachen, und schon ist er mit seiner Energie anwesend.

Es gibt Menschen, die scheint er besonders zu lieben. Einer davon ist Wolfgang aus Kempten. Wolfgang war Teilnehmer in einem Ausbildungs-Seminar, und dort lernte er Allessaro kennen und lieben. Alle waren von seinem Allessaro-Channeling so begeistert, dass er jeden Abend den Engel der Lebensfreude durch sich sprechen lassen musste. Besonders Carmen konnte von Allessaro und seinen Weisheiten nicht genug bekommen. Sie lacht noch heute darüber, wenn sie Wolfgang mal wieder auf einem Seminar begegnet.

Doch Allessaro kann noch mehr. Vor Jahren hielt ich ein Seminar in der Nähe der österreichischen Grenze. Es war eine nette Gruppe von zirka fünfundzwanzig Teilnehmern. Wir hatten wie immer sehr viel Spaß, außer einer Dame, die ständig mit ernstem Gesicht griesgrämig durch die Gegend lief. Die anderen Seminarteilnehmer fragten mich, was sie tun könnten, um sie ein bisschen aufzuheitern. Ich gab ihnen den Rat, Allessaro zum Abendessen einzuladen. Gesagt, getan – alle Teilnehmer hatten mit ihm ihren Spaß, nur die Dame nicht; sie schien gegen Allessaro resistent zu sein. So entschied ich mich am nächsten Tag, es nochmals mit Allessaro zu versuchen, und wieder schien seine Energie an ihr abzuprallen. Eine Stunde später, ich channelte Jesus, der die Gruppe durch eine sehr schöne Meditation führte, und die Meditationsmusik setzte gerade ein, begann sie zu lachen und konnte sich nicht mehr beruhigen. Sie lachte sich die Seele aus dem Leib und rutschte von ihrem Stuhl und lachte und lachte. Die anderen Teilnehmer fielen mit ein, und das Eis war gebrochen.

Von diesem Moment an war die Frau ein Teil der Gruppe, hatte ihr Außenseiterdasein aufgegeben. Ich freute mich für sie, denn von nun an hörte man sie ständig mit den anderen reden und lachen.

Allessaro erzählt viele lustige Geschichten, und seine Gleichnisse sind legendär. Aber ganz gleich, was er von sich gibt, immer steckt Weisheit dahinter. Er sagt von sich, dass er der beste Märchenerzähler für Kinder sei, denn er liebt Kinder und die Kinder lieben ihn. Schon des Öfteren konnte er Rat suchenden Müttern einen guten Tipp geben oder traurigen Menschen den Zugang zur Lebensfreude wieder öffnen.

Auch alte Menschen freuen sich über die Energie von Allessaro. Unsere Seminare finden in der Regel in einem schönen Familienhotel im vorderen bayerischen Wald statt. Dieses Hotel beherbergt mehrmals im Jahr Gruppen von Rentnern, die mit dem Bus anreisen, um dort ihren Urlaub zu verbringen. Einmal hatten wir zur selben Zeit dort eine Woche Ausbildungsseminar, und unsere Teilnehmer bemerkten, dass die alten Leute griesgrämig, ja zum Teil sogar sehr böse auf unsere fröhliche Gruppe reagierten, und fragten mich, was sie tun könnten. Ich erwiderte: "Wenn ihr diesen Menschen wirklich was Gutes tun wollt, dann schickt ihnen nach dem Abendessen Allessaro vorbei." Noch am selben Abend taten sie, was ich ihnen geraten hatte, und siehe da, ein Tisch mit alten Damen, die in der Nähe unserer Gruppe saßen, bestellte unmittelbar eine Runde Schnaps und lud unsere Teilnehmer dazu ein. Es wurde viel gelacht und gescherzt; Allessaro hatte mal wieder einen Sieg davongetragen.

Schicksalhafte Begegnung mit Delfinen

Martin konnte ebenfalls bereits channeln, meditierte schon seit mehreren Jahren und brachte in die Seminare seine eigene Energie mit. Neue Menschen und Dinge kamen in unser gemeinsames Leben, er beschäftigte sich intensiv mit Bachblüten, Edelsteinen, dem Maya-Kalender und vielen anderen interessanten Themen.

Weihnachten 1996 hatten wir, obwohl ich eigentlich lieber auf eine Karibik-Insel wollte, eine Last-Minute-Reise nach Mexiko gebucht. Zwei Wochen vor der Abreise bekam Martin plötzlich so etwas wie eine Eingebung (man kann auch sagen: eine seiner närrischen Ideen), dass er um jeden Preis mit Delfinen schwimmen wolle. Nun mag ich Tiere zwar auch sehr gern, bin aber keineswegs so verrückt, dass ich zwei Wochen lang am Strand sitzen muss, nur um aus der Ferne irgendwelche Delfine zu beobachten. Das kann ja heiter werden, dachte ich: Ich wollte gern etwas vom Land sehen, er unbedingt Delfinen begegnen.

Nach dem anstrengenden elfstündigen Flug fielen wir todmüde in das viel zu enge Bett unseres Hotels. Als wir am nächsten Morgen zum Frühstück gehen wollten, fiel Martin an der Rezeption ein Prospekt ins Auge: *Schwimmen Sie mit Delfinen!* Umgehend rief er die angegebene Nummer an und buchte – ohne zu ahnen, in welcher Weise das unser ganzes Leben verändern sollte.

Nie werde ich meine erste Begegnung mit den Delfinen vergessen. Wir konnten die Tiere in den Arm nehmen und streicheln und waren tief berührt von ihrem spirituellen Wesen – so sehr, dass wir anschließend unter Tränen in einer Kneipe saßen und geraume Zeit brauchten, ins Hier und Jetzt zurückzufinden. Das sollte jeder aus unserer Familie und unserem Freundeskreis erleben dürfen, dachten wir nach dieser tief greifenden Erfahrung; das hat uns während der gesamten Mexiko-Rundreise nicht mehr losgelassen.

Die Anlage, in der die Delfine lebten, hieß Ixcaret und war ein riesiger Erlebnispark an der Riviera Maya. Die Delfine waren in großen Meerwasserbecken untergebracht. Damals hatten wir von artgerechter Haltung in Bezug auf Delfine noch keine Ahnung. Seit damals sind wir nicht mehr zu den Delfinen in Ixcaret gegangen und empfehlen es auch unseren Teilnehmern der Mexikoreise nicht, denn wir haben kurz darauf einen optimalen Platz gefunden, der Begegnungen mit garantiert wilden Delfinen ermöglichte.

Kaum zu Hause angekommen, sammelten wir alle Informationen zum Thema "Delfin-Schwimmen", die irgendwie erreichbar waren. Begeistert erzählte ich davon auch einer Kundin, die mir am Telefon den entscheidenden Tipp gab: Eilat an der Südspitze von Israel. Postwendend marschierte ich mit Martin ins Reisebüro und arrangierte für Juni 1997 unseren ersten Besuch im Dolphin-Reef in Eilat, das zwischen dem Roten Meer und der Wüste Negev liegt.

In Eilat angekommen, waren wir erst einmal schockiert angesichts der zahllosen ungewohnten Menschen. Wir wussten ja nicht, dass die Israelis gerade Ferien hatten und deshalb sowohl das Hotel als auch die Restaurants ausgebucht waren. Zudem sind die Israelis sehr kinderlieb und entsprechend lärmend. So hatten wir uns das nicht vorgestellt. Doch als wir endlich im Dolphin-Reef angekommen waren, wurden wir für alles entschädigt. Die Anlage ist einfach traumhaft und die Delfine stehen hier an erster Stelle. Wir meldeten uns für einen Schnorchelgang für den nächsten Tag an und lernten bei der Anmeldung Maya kennen, mit der uns heute noch eine tiefe Freundschaft verbindet. Am nächsten Morgen fuhren wir mit dem Taxi ins Dolphin-Reef und schnorchelten das erste Mal mit den Delfinen. Wir waren wieder zutiefst berührt von der Ausstrahlung dieser Tiere und beschlossen, gleich mit der verantwortlichen Frau zu sprechen, um eine Gruppenreise zu organisieren.

Diese Frau, Paula, erklärte uns kategorisch, dass das Dolphin-Reef für dieses Jahr keine Gruppen mehr annehme. Martin kam jedoch auf die glorreiche Idee, die Teilnehmer einzeln einzubuchen, sonst wäre unsere erste Gruppenreise zu den Delfinen schon im Voraus ins Wasser gefallen.

Paula war damals sehr abweisend und zurückhaltend, was sich im Laufe der Zeit jedoch ins Gegenteil verkehrte. Paula und ich entdeckten unsere gemeinsame Liebe zu Katzen und Hunden und hatten somit jede Menge Gesprächsstoff. Wir wurden Freunde und freuten uns jedes Mal auf das nächste Wiedersehen.

Umso härter traf uns ihre Mitteilung, dass sie an Krebs erkrankt war. Sie probierte alles aus, um von dieser Krankheit geheilt zu werden. Leider hat sie den Kampf gegen den Krebs verloren und wir dadurch einen wunderbaren Menschen und eine treue Freundin. Noch heute geht es mir ans Herz, wenn ich an ihrem Bürofenster vorbeigehe und der Wunsch in mir entsteht, sie möge lachend aus der Tür herauskommen, mich umarmen und mir die neuesten Geschichten ihrer Tiere erzählen.

Nachdem Martin kurzerhand jeden Teilnehmer einzeln eingebucht hatte, konnten wir im September das erste Mal mit einer Gruppe von über zwanzig Personen nach Eilat fliegen. Seitdem erhöhte sich die Anzahl unserer Aufenthalte Jahr für Jahr, und heute, nach elf Jahren, ist Eilat unsere zweite Heimat geworden. Bis zu achtmal jährlich kommen wir ins Dolphin-Reef und seit Jahren verbringen wir unseren privaten Urlaub in Eilat mit anschließenden Tagen im Norden von Israel.

In der Anfangszeit, als man die Delfine in Eilat noch berühren durfte, waren wir dort mit einer Seminarteilnehmerin namens Melitta. Weil sie als Kind von ihrem Bruder unter Wasser gedrückt worden war, hatte sie große Angst, ihren Kopf unter Wasser zu halten. Ich ging mit ihr ins Meer, nahm sie bei den Händen, und siehe da, der erste Schnorchelgang war kein Problem. Nun hatte sie zwar keine Angst mehr vor dem Wasser, aber plötzlich vor den Delfinen, die ihr nun riesengroß erschienen. Also gingen wir gemeinsam mit Kfir, der damals Schnorchelgruppen leitete, zu den Delfinen. Im Wasser näherte sich der (mittlerweile an Altersschwäche verstorbene) Cindy, der eine ganz besondere Ausstrahlung besaß, und ich gab Melitta einen Schubs, sodass sie regelrecht auf dem Tier landete. Kfir gab ihr ein Zeichen, sie solle ihm in die Augen blicken – und das war der Wendepunkt für Melitta! Nachdem wir wieder an Land gegangen waren, weinte sie den ganzen Tag vor Rührung. Von diesem Augenblick an war kein Delfin mehr vor ihr sicher.

Ich selbst hatte eine unvergessliche Begegnung mit dem

verspielten Shandy, der sich bei einem Schnorchelgang von unten anpirschte und mich im Wasser auf seinen Rücken nahm. Es muss ein Bild für die Götter gewesen sein, wie ich dort mit Taucherbrille, Schnorchel und Flossen ausgeliefert auf ihm lag und in der Luft herumfuchtelte. Sämtliche Leute auf dem Steg dachten, es sei eine Showeinlage, womöglich für eine Filmaufnahme, und alle klatschten Beifall. Sobald ich versuchte, mich vom Rücken des Delfins herunterzurollen, hielt er dagegen – keine Chance! Ich dachte mir, was kann schon passieren, entweder landen wir in Jordanien oder Saudi Arabien. Endlich, kurz vor dem Ausgang zum offenen Meer, stoppte er und blickte mich ganz verliebt an ... Ich war vielleicht vierzig oder fünfzig Meter von meiner Gruppe entfernt und hatte alle Mühe, zurückzuschwimmen. Dort sagte unser Schnorchel-Guide Sigal, die heute eine liebe Freundin von uns ist, Shandy habe mich als Frau auserwählt. Ich antwortete ihr, ich hätte bereits einen Ehemann, worauf sie sagte: "Jetzt hast du eben zwei!"

Künftig wartete Shandy immer auf mich, und als er später ins Schwarze Meer zurückgebracht wurde, konnte ich die Tränen nicht zurückhalten. Ich glaube, es war ein schwerer Abschied für uns beide. Ich werde Shandy nie vergessen.

Gefährliches Israel – Propaganda oder Wahrheit?

In diesen elf Jahren mussten wir immer wieder hören, wie gefährlich Israel sei und wie groß das Risiko, dieses Land zu besuchen. Wir selbst haben uns noch nie bedroht gefühlt, ganz im Gegenteil: Wir haben unzählige Freunde in diesem Land. Wir wurden noch nie schief angeschaut, weil wir aus Deutschland kommen. Mehrmals waren wir in Jerusalem und haben sowohl mit uns fremden Israelis gesprochen als auch mit Arabern Tee getrunken. Wir lassen uns nun mal nicht gern von den Medien beeinflussen, sondern überzeugen uns lieber selbst, was der Wahrheit entspricht und was nicht. Wäre Israel wirklich so gefährlich, wie es uns die Medien weismachen wollen, würden wir sicher nicht jedes Jahr mehrmals mit Gruppen nach Eilat reisen. Unsere Teilnehmer sind in der Regel alle absolut begeistert von der friedlichen und liebevollen Art der Menschen in Eilat. Durch unsere jahrelange Erfahrung und unseren Bekanntheitsgrad im Dolphin-Reef sprechen wir nicht umsonst davon, dass unsere Teilnehmer bevorzugt behandelt werden. Normalerweise muss man sich diesen Status erst verdienen. Es gibt ein schönes Sprichwort in Israel, das den Israeli gut beschreibt: Der Israeli ist wie eine Kaktusfrucht, außen stachelig und innen süß. Doch hast du einmal einen Israeli zum Freund, so hast du einen Freund fürs Leben. Das können Martin und ich nur unterschreiben.

Dank seines Flughafens ist Eilat für Besucher aus Deutschland problemlos erreichbar; für Israel bildet es den einzigen Zugang zum Roten Meer; große Mengen Rohöl, Autos und andere Güter werden über den Hafen eingeführt und weiter nach Norden transportiert. Bei guter Sicht kann man vom Hafen aus die Küsten von vier Ländern sehen: Ägypten, Jordanien, Saudi-Arabien und Israel, dessen Küstenabschnitt nur etwas mehr als zehn Kilometer lang ist.

Im Dolphin-Reef müssen die Tiere nicht hinter Glasscheiben oder in engen Pools leben, auch keine Kunststückchen mit Bällen und Reifen vorführen wie in vielen Delfinarien. Sie sind frei und wild und nehmen nur Kontakt zu Menschen auf, wenn sie ihn selbst wollen. Der auch an der Oberfläche sichtbare Unterwasserzaun, der die in Privatbesitz befindliche Anlage vom offenen Meer trennt, stand lange Zeit offen und ist nicht etwa geschlossen, um die Tiere einzusperren, sondern um sie vor den Menschen zu schützen. Im Detail zu sehen ist das alles auf einer DVD, die wir im Jahr 2008 in Eilat produziert haben.

Die zahlreichen Gäste aus aller Welt scheinen im großen Tümmler eine Art spirituelles Wesen mit heilenden Energien zu sehen: Jeder will die freundlichen, verspielten Tiere berühren und ihnen möglichst nah sein. In ihrem Buch "Das Lächeln des Delfins" beschreibt Pascale Noa Bercovitch die Geschichte einer wunderbaren Freundschaft zwischen dem taubstummen Beduinen-Jungen Abid'allah und dem Delfin Olin, der jenseits aller akademischen Wissenschaft seinen menschlichen Freund geheilt hat. Diese positive Energie, wenn man es so bezeichnen will, ist auch in Eilat deutlich spürbar. Doch wer Delfinen in ihrem natürlichen Lebensraum begegnen will, sollte sich darüber im Klaren sein, dass er es nicht mit allzeit spielbereiten Kuscheltieren wie in "Flipper" zu tun hat. Das machen die Betreuer den Teilnehmern der Tauch- und Schnorchelgruppen auch unmissverständlich klar.

Nicht nur vom Roten Meer gibt es seit der Antike immer wieder erstaunliche Berichte, zum Beispiel, dass sich autistische Kinder durch die Begegnung mit den Tieren plötzlich öffnen. In Neuseeland hat ein Delfin im Frühjahr 2008 zwei gestrandete Wale gerettet, die trotz mühseliger menschlicher Rettungsversuche nicht wieder auf das offene Meer hinausschwimmen wollten. "Ich habe noch nie von so etwas gehört, es war erstaunlich", äußerte sich der Umweltschutzbeamte Malcolm Smith gegenüber der Nachrichtenagentur AFP. Der Delfin sei am Strand von Mahia an der Ostküste der Nordinsel bekannt, da er dort oft mit Badenden spiele. Smith hatte mit Kollegen stundenlang vergeblich versucht, die beiden gestrandeten Zwergpottwale wieder ins offene Meer hinauszubewegen. Die beiden drei und anderthalb Meter großen Wale hatten sich offenbar wegen einer Sandbank in seichtes Wasser verirrt. Der Delfin, der von den Einheimischen Moko genannt wird, sei gekommen, habe mit den Walen kommuniziert und sie auf das offene Meer hinausbegleitet. Vieles wissen Forscher auch heute noch nicht über diese Tiere, die zum Beispiel in der westaustralischen Shark Bay Werkzeuge benutzen, indem sie Schwämme vom Meeresboden ablösen und bei der Futtersuche im Boden über ihre Schnauze stülpen. Sie verfügen über ein hochentwickeltes Kommunikationssystem und vielleicht sind sie uns Menschen, die sich in maßloser Eitelkeit für die Krone der Schöpfung halten, in vielen Dingen sogar überlegen.

Es ist eine Schande, wie diese hochintelligenten Wesen auch heute noch von Menschen gejagt, missbraucht und getötet werden. Dabei könnten wir einiges von ihnen lernen.

Frühere Inkarnationen

Aus Martins Interesse für die Kultur und die Kosmologie der Mayas entstanden 1998 unsere Mexiko-Reisen. Von einer Reise hatten wir uns CDs mit der ursprünglichen Maya-Musik mit nach Hause genommen. Zu Hause beim Anhören fand ich mich unvermittelt in einer früheren Inkarnation wieder. In dieser Inkarnation waren Martin und ich Angehörige der Maya, die am Ende der Hauptphase ihrer Kultur in unterschiedliche Himmelsrichtungen gesandt wurden, um ihr hohes Wissen und ihre Gene an die umliegenden indigenen Völker weiterzugeben. Die Verbindung zueinander hielten wir über einen Falken aufrecht. Als der Vogel eines Tages nicht zurückkam, war ich überzeugt, dass Martin tot sei, und legte mich in die Wüste zum Sterben. Geführt von unserem Falken, fand mich Martin schließlich, doch zu spät: Ich war bereits verdurstet.

Die Aufarbeitung dieser Inkarnation und des damit verbundenen Traumas benötigte einige Zeit, und wir erkannten dabei auch die Folgen für unser jetziges Leben und unsere Beziehung. Insbesondere bei Martin zeigte sich die Wirkung tiefgreifender, da er ja nach meinem Tod seine Aufgabe alleine hatte weiterverfolgen müssen. Auch auf nachfolgenden Mexiko-Reisen erlebte und heilte er noch unterschiedliche Aspekte dieser prägenden Inkarnation als Maya.

Doch zu Israel habe ich aufgrund früherer Inkarnationen einen wesentlich stärkeren Bezug als zu Mexiko. Als wir 1999 erneut im Dolphin-Reef von Eilat waren und ich mit meiner

Gruppe zum Treffpunkt der Schnorchler kam, stand dort ein junger Mann. Wir blickten uns an und wussten beide sofort: Wir kennen uns, vom ersten Augenblick an war eine tiefe emotionale Beziehung spürbar. Kfir, so sein Name, hat einen Zwillingsbruder namens Almog; auch er empfand eine starke Verbindung, deren Ursprung in einer alten Inkarnation liegt.

In ihr wurde ich mit Kfir, der zugleich mein Zwillingsbruder war, verheiratet. Almog war unser Kind und Martin war unser Lehrer. Kfir sollte aus Machtgründen vergiftet werden, doch seiner Stelle nahm ich das Gift, worauf man mir das Herz herausschnitt und einen Teil davon in der Wüste vergrub. Das habe ich den beiden jungen Israelis erzählt, die sich bisher noch nie mit Reinkarnation und ähnlichen Themen auseinandergesetzt hatten. Kfir gestand mir aber, er habe zeitlebens das Gefühl, er müsse für Almog die Vaterrolle übernehmen. Im Laufe der Jahre sind wir noch auf viele andere Gemeinsamkeiten gestoßen.

Und wir sind Freunde fürs Leben geworden. Kfir kommt nun mehrmals im Jahr nach Deutschland, um seine Heil-Sitzungen im Wasser anzubieten, und jedes Mal, wenn wir in Eilat sind, machen es die beiden Brüder möglich, uns in Eilat zu sehen. Auch in ihrer Familie wurden wir sehr herzlich aufgenommen und fühlen uns immer willkommen.

Hier möchte ich noch eine lustige Geschichte über Kfir erzählen, die ihm bei einem seiner Aufenthalte im Blaubeerwald passiert ist.

Kfir liebt zum Frühstück Pfefferminztee, am besten aus frischen Pfefferminzblättern. Wir haben im Blaubeerwald ein großes Beet davon, und so fragte er mich, ob er sich davon etwas nehmen dürfe. "Natürlich", sagte ich und schickte ihn los. Nach einigen Minuten kam er zurück und sagte, dass er keine gefunden habe. Ich beschrieb ihm die genaue Lage des Beetes und er zog wieder los. Kurz darauf erschien er wieder und rieb sich die Nase, die leicht gerötet war. Ich fragte ihn, was geschehen sei, und er erwiderte, dass er die Pfefferminze nicht gesehen habe und daraufhin mit seiner Nase auf die Suche gegangen sei und prompt die Brennnessel gefunden habe, in die er dann seine Nase steckte. Kfir hatte in seinem Leben noch nie eine Brennnessel gesehen und auch keine Pfefferminze, die so hoch war wie unsere. Auf jeden Fall hatte er mit dieser Aktion die Lacher auf seiner Seite. Bis heute ist ihm diese Begebenheit peinlich, und ich hoffe, dass er mir verzeiht, dass ich sie in diesem Buch erzähle.

Schitzo

Bei einem unserer Mexiko-Trips schenkte mir Aracelli, die Frau unseres Reiseleiters Uwe Rolli, zum Abschied einen Ring, der aus zwei Teilen bestand. "Dieser Ring ist für Zwillinge gemacht", sagte sie; ich solle einen Teil meinem Zwillingsbruder geben. Dabei wusste sie nichts von Kfir, und in diesem Leben habe ich keinen Zwillingsbruder. Noch heute trägt Kfir den Ring, den ich ihm geschenkt habe, meiner wurde mir vor einiger Zeit gestohlen.

Etwa ein Jahr lang lebte ich – aufgrund der Geschehnisse in der früheren Inkarnation, in der die Hälfte meines Herzens in der Wüste vergraben wurde – emotional in zwei Welten: Ein Teil von mir befand sich in der Wüste in Eilat, der andere daheim in Deutschland. War ich hier, wollte ich dorthin, war ich dort, wollte ich wieder nach Hause. Völlig verrückt! Martin war verständlicherweise eifersüchtig auf meine enge Beziehung zu Kfir, die jedoch keinerlei sexuelle Komponente besaß, denn sowohl Kfir als auch Almog mögen Männer und keine Frauen.

Als ich Monate später eines Abends zum Meditieren bei Sonnenuntergang in der Wüste saß, wusste ich plötzlich, dass die Zeit gekommen war, mir den fehlenden Teil meines Herzens zurückholen und den Schmerz zu heilen. Von da an ging es mir deutlich besser und ich wechselte nicht mehr zwischen den beiden Welten.

Almog und Kfir kamen 2003 erstmals zu Besuch nach Deutschland, seither sehen wir uns regelmäßig in beiden

Ländern, zum Beispiel auch bei meiner fünfzigsten Geburtstagsfeier im Herbst 2007.

Begegnung mit Rick

Als Kfir mich bei einem weiteren Aufenthalt in Eilat zu einer Party bei sich zu Hause einlud, traf ich seinen damaligen Freund Rick. Ich war eigentlich schon sehr müde, da ich gerade erst aus Deutschland angekommen war, und wollte telefonisch nur Bescheid sagen, dass ich gut angekommen sei. Doch Kfir löcherte mich und sagte, ich müsse unbedingt noch für eine Stunde zu seiner Party kommen. Also stoppte ich ein Taxi und fuhr zu ihm nach Hause.

Vor der Tür stehend, hörte ich bereits laute Musik und eine Menge Menschen durcheinandersprechen. Ich musste ein paar Mal laut klopfen, bis sich mich endlich hörten und Kfir die Tür öffnete. Wir begrüßten uns wie immer sehr herzlich und ich trat ein.

Auf der Suche nach bekannten Gesichtern ließ ich meinen Blick umherschweifen und entdeckte auf der Couch einen Mann, der mir auf Anhieb bekannt vorkam. Ich wusste, dass ich ihn in diesem Leben noch nie gesehen hatte, sondern dass ich ihn aus Ägypten, also aus einer früheren Inkarnation, kannte. Kfir führte mich freudestrahlend zu ihm hin und stellte ihn mir als seinen Freund Rick vor. Schnell kamen wir ins Gespräch und hatten bald das Gefühl, alleine auf dieser Party zu sein. Er fragte mich nach meiner Arbeit und interessierte sich sehr für *Cantor Holistic Touch*, der Heiler-Technik, die ich anbiete. Wir vereinbarten für den nächsten Abend eine Session in seinem Appartement.

Als ich am nächsten Abend bei ihm eintraf, verschlug es

mir erst mal die Sprache, denn seine ganze Wohnung war voll mit ägyptischen Bildern und Statuen. Als ich ihn darauf ansprach, bestätigte er mir, dass er sich stark zur ägyptischen Kultur hingezogen fühle. Daraufhin erzählte ich ihm, was ich bei unserem ersten Treffen für ein Gefühl hatte, nämlich dass wir uns aus einem alten Leben in Ägypten kennen würden. Er stellte mir einige Fragen bezüglich dieser Inkarnation, in der es um Karnak und Luxor ging.

Nach einiger Zeit fragte ich ihn, ob wir nun mit der Heilsitzung beginnen sollten oder ob es ihm jetzt zu spät sei. Er verneinte und erzählte mir dann, dass er gesundheitliche Probleme habe und sich schon auf die Behandlung freue. Als ich mit ihm arbeitete, hatte er eine Menge Bilder aus jener Inkarnation. Es war für ihn erstaunlich, was diese Technik bewirkte. Als ich mich von ihm verabschiedete, wussten wir beide, dass eine neue Freundschaft entstanden war.

Am nächsten Abend besuchte ich ihn wieder, und er erzählte mir von einer langjährigen Beziehung zu einem Mann, den er sehr geliebt hatte. Er zeigte mir Fotos von diesem Mann, der Ähnlichkeiten mit Martin aufwies, was ich ihm auch sagte. Er wollte Martin unbedingt kennenlernen, und ich erwiderte, dass Martin das nächste Mal, also zwei Monate später, mit mir nach Eilat kommen werde.

Als sich die beiden das erste Mal trafen, stellte sich heraus, dass auch sie viele gemeinsame Gesprächsthemen hatten. Auch als Kfir und Rick sich trennten, blieb die Freundschaft zu Rick bestehen. Leider verließ er nach ungefähr zwei Jahren Eilat, und wir haben uns aus den Augen verloren. Gerne würde ich ihn wiedersehen. Wer weiß, vielleicht laufen wir uns irgendwo auf der Welt mal wieder über den Weg.

Unser Paradies – wir sind angekommen

Gemeinsam mit Martin wollte ich immer heraus aus der Enge einer typisch deutschen Wohnsiedlung, und wir suchten deshalb lange Zeit nach einem Grundstück in Alleinlage. Zunächst im Bayerischen Wald, weil er uns als idealer Ort vorkam, in dem sich unser Traum finden ließ und der vielleicht auch nicht ganz so teuer war.

Während eines Urlaubs im Jahr 1998 auf Lanzarote, einer sehr kraftvollen vulkanischen Insel, machten wir wieder einmal einen bewussten Manifestations-Akt, wie unser künftiges Domizil aussehen solle.

Nach unserer Rückkehr schlug ich ein regionales Anzeigenblatt auf und las gleich auf der ersten Seite: *10.000 Quadratmeter in Alleinlage mitten im Wald mit mehreren Gebäuden zu verkaufen.* Martin riss mir das Inserat förmlich aus den Händen und rief sofort den Makler an, der "zufällig" zwei Straßen von uns entfernt wohnte. Wir konnten sogar sein Haus von unserer Haustüre aus sehen. Wenn das nicht ein gutes Omen war!

Am folgenden Tag fuhr er mit uns in den Blaubeerwald, und ganz im Gegensatz zu meinem Ehemann war ich keineswegs gleich begeistert, auch wenn es Liebe auf den ersten Blick war und wir sofort wussten, dass wir endlich am Ziel angekommen waren. Das Wohnhaus hatte viel zu kleine Zimmer und Fenster und musste auf jeden Fall umgebaut werden. Bei dem Treffen mit der Besitzerin erzählte sie mir von der ursprünglichen Schönheit des Grundstücks. Wir verstanden uns immer besser, und ich schilderte ihr meine Vision von diesem zauberhaften Ort, die ganz in ihrem und im Sinne ihrer verstorbenen Eltern war.

Daraufhin wurden wir sogar zur Geburtstagsfeier ihres Vaters eingeladen, und wir erfuhren, dass wir das riesige Grundstück kaufen dürfen, obwohl es noch zwei weitere Interessenten gab, die sogar noch mehr bezahlt hätten.

Nach einigen Umbauten, die wir mit Freunden zusammen "so nebenbei" und trotz der vielen Arbeit in Rekordzeit erledigten, konnten wir endlich kurz vor Weihnachten 1998 einziehen. Unser großer Traum war wahr geworden, aber es wartete in den kommenden Jahren noch jede Menge Arbeit auf uns. Der Blaubeerwald befand sich im "Dornröschenschlaf", da sich die vielen Jahre seit dem Tod der Eltern niemand wirklich um ihn gekümmert hatte. So mussten wir nach und nach alle Gebäude renovieren, das Grundstück pflegen, tonnenweise vergrabenen Müll, Schrott und Bauschutt entsorgen und vieles dergleichen mehr. Über die Jahre ist der Blaubeerwald immer mehr erblüht, und es sind laufend neue Pflanzen- und Tierbewohner hinzugekommen.

In der ganzen Zeit besuchten uns die Vorbesitzer regelmäßig und waren immer wieder von Neuem begeistert und berührt, zu welchem Paradies wir den Blaubeerwald gemacht hatten.

Wie unvorstellbar mühsam es war, der Natur dieses kleine Paradies abzuringen, schildert die aus Thüringen stammende Vorbesitzerin Gertraud Urban in ihrem Buch "Waldler geworden", welches sie Mitte der 90er Jahre in einer kleinen Auflage für Freunde und Verwandte veröffentlicht hatte. Darin erzählt sie, wie es ihrer aus Stuttgart evakuierten Familie nach dem Zweiten Weltkrieg mit viel Idealismus und harter Arbeit – viele Jahre ohne Wasser und Strom – geglückt war, dem Forstwald dieses blühende Grundstück abzuringen.

Mein Wunsch nach zehn Jahren im Blaubeerwald, meine große Zukunftsvision ist eine Art Gnadenhof, ein Tierparadies für arme Geschöpfe, die niemand mehr haben will: *Animals Paradise*. Einen geeigneten Platz dafür, rundzwanzigtausend Quadratmeter hier in der Nähe, habe ich bereits im Auge; aber derzeit ist die Fläche an einen Landwirt verpachtet.

Blaubeerwald-Botschaft

Als wir den Blaubeerwald kauften, waren wir bemüht, unser Haus in Bruck zu veräußern. Wir beauftragten einen Makler, der uns ständig die falschen Leute ins Haus schleppte, und so entschieden wir uns, die Sache selbst in die Hand zu nehmen. Wir setzten Inserate in die verschiedenen Zeitungen und versuchten sogar via Internet, den richtigen Käufer für unser Haus zu finden.

Martin war schon fast am Verzweifeln, da sich kein Käufer einstellte und die Doppelfinanzierung für uns damals recht heftig war. Ich jedoch ließ mich von meiner Vorstellung nicht abbringen und vertraute darauf, den richtigen solventen Käufer zu finden.

Eines Tages schellte das Telefon, und eine Interessentin für unser Haus in Bruck war in der Leitung. Sie fragte mich, warum wir dieses Anwesen verkaufen möchten, und ich erwiderte, dass wir unser Traumgrundstück gefunden hätten. Neugierig fragte sie mich, um welches Grundstück es sich handele. Und ich begann vom Blaubeerwald zu schwärmen. Auf einmal wurde es ganz still in der Leitung, und ich dachte, sie hätte eingehängt. Doch dann hörte ich einen tiefen Seufzer und sie erzählte mir, dass sie vor einiger Zeit mit einem befreundeten Medium den Blaubeerwald besichtigt habe, um ihn zu kaufen – worauf das Medium ihr sagte, dass dieses Grundstück nicht für sie bestimmt sei und dass zwei Personen den Blaubeerwald erwerben würden, weil das zu ihrer Lebensaufgabe gehöre. Ich bekam eine Gänsehaut und war zutiefst berührt von dieser Aussage. Auch Martin ging es so, als ich ihm von diesem Telefongespräch erzählte. Von dieser Frau habe ich seitdem nichts mehr gehört. Sie hatte sich anscheinend nur für das Haus in Bruck interessiert, um uns diese Botschaft zu übermitteln.

Es dauerte übrigens fast ein ganzes Jahr, bis wir das Haus an die richtige Familie verkaufen konnten. Wie wir damals die Doppelfinanzierung geschafft haben, wissen wir bis heute nicht.

Zigeuner im Blaubeerwald

Im Blaubeerwald befinden sich mehrere Gebäude, unter anderem ein älteres Haus, welches wir liebevoll *Das Hexenhaus* nennen. Als wir den Blaubeerwald erwarben, entschlossen wir uns, das Hexenhaus zu vermieten. Gleich nach der ersten Ausschreibung besuchte uns ein älteres Ehepaar und wollte das Haus unbedingt mieten. Sofort merkte ich, dass es sich bei den beiden um Zigeuner handelte, und ich wusste um die Vorbehalte der Bevölkerung, dass man einem Zigeuner nicht trauen dürfe. Doch wir entschieden uns, den beiden eine Chance zu geben.

Einige Tage darauf zogen sie mit Sack und Pack bei uns ein. Sie besaßen einige Hunde, die sie fast ausschließlich im Haus hielten. Sie versicherten uns, dass sie in unserer Abwesenheit auf den Blaubeerwald aufpassen und uns auch sonst unter die Arme greifen würden.

Anfangs ging alles gut. Doch eines Tages standen plötzlich drei Ponys und ein Esel in unserem Blaubeerwald. Einige Tage später kamen ein Ziegenbock, zwei Gänse, etliche Truthähne und Hühner dazu. Als wir dann im Dezember endlich in den Blaubeerwald umzogen, merkten wir, dass die Tiere sehr schlecht gefüttert wurden, und fingen selbstverständlich an, ihnen selbst Futter anzubieten.

Am zweiten Weihnachtsfeiertag bekam ihre kleine Rehpinscherdame acht Hundebabys, und sie schenkten mir eines, da ich immer schon den Wunsch hatte, einmal einen kleinen Hund aufzunehmen. Also suchte ich mir den Kleinsten von ihnen aus, und wir gaben ihm den Namen Idefix. Über diese Hundepersönlichkeit Idefix werde ich im nächsten Kapitel noch ausführlicher berichten.

Die Situation mit den Zigeunern spitzte sich jedoch immer mehr zu, und wir entschlossen uns, den beiden zu kündigen. Daraufhin begannen sie heimlich, ihre Truthähne hinter dem Hexenhaus zu schlachten, und kurze Zeit darauf waren auch der Esel und die Ponys plötzlich verschwunden. Weil ich weitere Gräueltaten befürchtete, entschied ich mich als Ausgleich für ausstehende Mietzahlungen, ihre Hühner zu retten. Bevor sie jedoch den Blaubeerwald verließen, schleppten sie noch zehn weitere Hundewelpen an, die sie in einen selbst gebauten Pferch sperrten. Uns taten die Welpen leid, und wir entschieden uns, zwei von ihnen aufzunehmen. Auch unsere Freunde Christian und Manuela, die uns aus der Schweiz besuchten, nahmen einen mit. Die anderen Hundebabys wurden von Verwandten der beiden abgeholt.

Wir hatten von den beiden die Nase gestrichen voll, da sie überhaupt kein Gefühl für ihre Tiere besaßen, und schmissen sie schließlich kurzerhand raus. Wir haben seitdem nichts mehr von ihnen gehört. Was uns geblieben ist, sind Idefix und Ronia, unsere beiden Hunde. Der Rüde Obelix ist leider bereits mit drei Jahren an Krebs verstorben.

Idefix – Sheriff vom Blaubeerwald

Im Februar 1999 zog Idefix, ein "Bonsai-Dobermann", bei uns ein. Er war der erste kleine Hund in meinem Leben. Er wog gerade mal 800 Gramm und passte auf meine Handfläche. Martin und ich fanden zunächst keinen passenden Namen für unseren Rehpinscher. Erst als wir uns am Abend einen *Asterix und Obelix*-Film ansahen, wurde uns klar, dass der Kleine Idefix heißen sollte.

Da Idefix so klein war, stärkte ich sein Selbstbewusstsein, in dem ich ihm immer wieder sagte, dass er der Größte und Stärkste sei und vor nichts und niemand Angst haben müsse. Dieses Selbstbewusstsein ist ihm bis heute geblieben. Er hat mit seinen acht Kilogramm ein Selbstbild entwickelt, als ob er ein riesiger Dobermann wäre, und schafft es auch heute noch, unseren Rüden Balou, der ungefähr vierzig Kilo wiegt, ständig zu unterwerfen.

Idefix war immer an meiner Seite, und so kam es, dass er jeden Tag mit mir zu unseren Hühnern ging, um Eier abzulesen und die Hühner zu beobachten. Als er sah, wie unser Hahn Caruso seine Hühner bestieg, beschloss Idefix, es auch einmal zu versuchen. Caruso war darüber gar nicht erfreut und ging natürlich auf Idefix los, mit dem Erfolg, dass Idefix von da an die Hühner in Ruhe ließ.

Einige Zeit später war Idefix wieder einmal mit mir bei den Hühnern, um Eier einzusammeln. Er beobachtete mich genau und brachte am nächsten Tag von sich aus ein Ei zu mir in die Küche, welches er vor mir demonstrativ auf den

Fliesenboden legte, wo es jedoch zerbrach. Ich sagte zu ihm, dass er, wenn er wieder ein Ei bringe, es nicht mehr auf den Küchenboden legen solle, weil es dort kaputtginge. Am nächsten Tag brachte er wieder ein Ei und legte es auf unsere Holztreppe die zum Wohnzimmer führt, doch es zerbrach erneut. Darauf sagte ich zu ihm, dass er es beim nächsten Mal ins Wohnzimmer auf den Teppich legen solle, was er am nächsten Tag auch tat.

Eines Tages brachte er mir zwei junge Meisen, die aus dem Nest gefallen waren. Vorsichtig legte er ein Junges nach dem anderen auf unseren Küchenboden. Er wollte sie vor unseren Katzen retten, die sie sicher gefressen hätten. Zu dem Zeitpunkt war Idefix gerade mal ein halbes Jahr alt.

Im Mai des ersten Jahres im Blaubeerwald brachte uns eine Freundin einen kleinen Findlingskater, den wir Fritzli nannten und der sich sofort mit Idefix anfreundete. Beide teilten sich ein Körbchen und spielten herrlich miteinander. Auch von ihrer Größe her passten sie gut zusammen.

Einen Monat später kamen Obelix und Ronia hinzu, die ebenfalls in das begehrte Hundekörbchen wollten, doch das störte Idefix überhaupt nicht, und so füllte es sich mit weiteren Bewohnern, bis Obelix und Ronia zu groß dafür waren. Doch auch dann legte Obelix immer noch seinen riesigen Kopf, der mittlerweile fast so groß wie Idefix und Fritzli war, in das Körbchen hinein.

Als Ronia ein Jahr später Babys erwartete, glaubten die Rüden Idefix und Obelix beide, Väter der Babys zu sein. Als die Zeit der Geburt kam, warteten sie ganz aufgeregt vor der Zimmertür im Flur. Sie wussten, dass die Geburt in vollem Gange war, und wollten ihre Babys sehen. Ronia bekam acht

Hundekinder, die wir alle an gute Familien vermitteln konnten, bis auf die zwei, die wir selbst behielten.

Ronia ist Idefix' große Liebe. Auch heute, obwohl wir ihm fünf Jahre später das Rehpinscher-Weibchen Lucy als Freundin geholt hatten, ist Ronia immer noch seine Nummer 1. Lucy ihrerseits zeigte Idefix bereits bei der ersten Läufigkeit, dass sie auf große Hunde steht, und ignorierte Idefix völlig. Idefix, der der einzige nicht kastrierte Rüde ist, war richtig beleidigt, zumal er Lucy all seine Leckerli liebevoll – oder hormongesteuert – vor die Füße legte und sie bis zum Gehtnichtmehr anhimmelte. Doch Lucy bevorzugte weiterhin, von Idefix Umwerbung völlig unbeeindruckt, den stattlichen, wenn auch kastrierten Balou.

Aber da war ja noch Schemesh, unser Sonnenhund, und auch sie wurde natürlich regelmäßig läufig. Bei jeder Gelegenheit versuchte Idefix bei ihr sein Glück. Einmal sah ich ihn vom Esszimmer aus, wie er sie besteigen wollte, obwohl sie dreimal so groß ist wie er. Ich rief sofort nach Schemesch, da wir keinesfalls weitere Hundebabys wollten, und schon gar keine Kreuzung zwischen denen beiden, worauf sie gleich aufsprang und Idefix dabei durch die Luft flog. Er war daraufhin sehr aufgebracht, so kurz vor seinem lang ersehnten Ziel von mir unterbrochen worden zu sein, und schaute mich überaus empört an. Bald darauf erreichten Lucy und Schemesh ein Alter, in dem wir sie ohne Komplikationen sterilisieren lassen konnten. Wir warteten so lange damit, bis sie eine gewisse Reife erreicht hatten, damit keine hormonellen oder psychischen Probleme entstehen würden.

In unserem Leben mit so vielen Tieren im Blaubeerwald kommt nie Langeweile auf. Wir könnten jeden Tag spannende und lustige Videos drehen. Die vielen Geschichten über unsere Tiere würden ein eigenes Buch füllen.

Sobald Martin und ich zusammen in ein anderes Land reisen, besteht grundsätzlich auch immer die "Gefahr", dass wir dorthin spirituelle Seminarreisen veranstalten. So war ich zum Beispiel schon vor meiner Beziehung mit Martin in Ägypten gewesen, hatte schon damals die wundervolle Nilkreuzfahrt genossen und alle bekannten Sehenswürdigkeiten wie Assuan, Abu Simbel, Kairo und Luxor erkundet. Zehn Jahre später wiederholte ich diese Reise diesmal zusammen mit Martin. Wir teilten all die Eindrücke und Erlebnisse miteinander und schon kurze Zeit später auch mit Gruppen.

Den Teilnehmer an unseren Reisen bleibt immer genügend Zeit, den Energien an verschiedenen Plätzen und ihrem inneren Empfinden nachzuspüren. Mancher hat mit Tränen zu kämpfen, weil man an bestimmten Orten plötzlich die Verbindung mit einer früheren Inkarnation spürt. Sobald man eine solche Stätte betreten hat, regt sich diese Erinnerung als sanftes Gefühl der Vertrautheit, das mitunter in einer schockartigen Entladung von heftigen Emotionen gipfeln kann.

Das mexikanische Palenque ist einer dieser Orte, mit dem viele unserer Teilnehmer sehr tief verbunden sind, weil dort die Maya kollektiv "aufgestiegen" sind. Sie sind ja nicht urplötzlich von der Bildfläche verschwunden, wofür die Wissenschaft bis heute keine schlüssige Erklärung findet. Ich glaube, dass es in Palenque "Aufstiegsrituale" in eine andere Dimension gab; wir hörten dort schon während gemeinsamer Meditationen mit unseren Seminarteilnehmern wirklich die Maya trommeln.

Die erste Gruppenreise nach Mexiko ist sehr anstrengend gewesen, weil wir für dreißig Teilnehmer Seminar- und Reiseleiter zugleich waren. Das bedeutete, sich nicht nur um den spirituellen Teil der Reise zu kümmern, sondern zugleich sämtliche anderen Organisationsaufgaben zu übernehmen. Es war wirklich stressig, und wir wussten, dass wir in Zukunft einen Partner wollten, der die Organisationsarbeit vor Ort erledigen könnte, doch hatten wir keine Ahnung, an wen wir uns wenden sollten.

Gegen Ende unseres Aufenthalts entdeckte Martin in einem Supermarkt ein Buch über die unendliche Geschichte der Maya in Deutsch. Als ich am Strand zu lesen anfing, war ich alsbald fasziniert: Der Autor war Deutscher, der in Cancun lebte und mit einer Mexikanerin verheiratet war. Obwohl durch und durch Realist, hatte er als zufälliger Reiseleiter einer spirituellen Reisegruppe unerwartet eindrucksvolle Erlebnisse gehabt, die er in diesem Buch beschrieb. Zurück in Deutschland, setzte sich Martin per E-Mail mit ihm in Verbindung, bekam aber keine Antwort. Martin versuchte es auch telefonisch vergeblich, denn die im Buch abgedruckte Telefonnummer schien nicht zu stimmen.

Drei Monate später versuchte es Martin nochmals und war überrascht, als er Uwe erreichte. Wir hatten wirklich Glück, da Uwe in Mexiko gerade eine eigene kleine Reiseagentur gegründet hatte. Wir verstanden uns unmittelbar super mit ihm, waren sozusagen auf der gleichen Wellenlänge, und beschlossen recht bald, dass er die Organisation für unsere spirituellen Mexiko-Reisen übernehmen sollte. Das bedeutete allerdings auch, dass wir vor der nächsten Reise 60.000 Dollar im Voraus an einen Mann überwiesen, den wir überhaupt nicht kannten. Während des Flugs mit unserer Reisegruppe nach Mexiko kam Martin plötzlich der Gedanke, wie es wäre, wenn wir einem Betrüger aufgesessen seien, der uns nicht abholte und auch die Hotels nicht bezahlt hätte. Wir säßen mit zwanzig Teilnehmern ganz schön in der Tinte, vom verlorenen Geld gar nicht zu reden. Es wäre eine finanzielle und geschäftliche Katastrophe gewesen.

Doch unsere Intuition war wie so oft richtig, und unsere Zusammenarbeit verläuft bis heute optimal. Uwe geht mittlerweile den schamanischen Weg und hat sich immer intensiver mit der Maya-Kultur beschäftigt – eine ideale Ergänzung zu unserer eigenen Arbeit.

Maya-Schamanen im Blaubeerwald

Im Jahr 2001 organisierten wir im Blaubeerwald ein großes Maya-Seminar: Mit Schamanen aus Mexiko, Wolfgang Hahl – der drei seiner Erdenhüter-Kristalle dabei hatte –, natürlich Uwe Rolli mit seiner Frau Aracelli und rund fünfzig Teilnehmern führten wir eine Woche lang alte Rituale durch, hielten Workshops und gaben Heilsitzungen.

Für mich war diese Woche sehr anstrengend, da ich zu dieser Zeit in zwei Realitäten zugleich war: einmal in Israel, dann wieder hier im Blaubeerwald. Auch wollte ich natürlich die Rituale mitmachen und die Energien der Erdenhüter-Kristalle genießen.

Wir führten unter anderem ein schönes Ritual am nahe gelegenen Franziskus-Marterl durch, das zum Gedenken an den erfolgreichen Wiederstand gegen die doch nicht errichtete WAA-Anlage gebaut worden war, und dieses Ritual wurde sogar vom lokalen Fernsehsender aufgezeichnet.

Alles in allem waren meine Tage sehr ausgefüllt. Ich hatte nicht nur meine eigenen täglichen Pflichten, sondern auch noch einige Gäste, die ich zusätzlich versorgen durfte.

Ein kompletter Stromausfall im Blaubeerwald macht die ganze Sache dann noch perfekt. Einer der Schamanen hatte Streit mit seiner Frau, konnte seine Energie anscheinend nicht mehr kontrollieren und verursachte einen Blitzeinschlag mit totalem Stromausfall. Als das wieder behoben war, bekamen meine damals vier kleinen Kater einen kollektiven Stressdurchfall, sodass ich auch damit reichlich beschäftigt war. Damals habe ich mir gesagt: *Never again!* Doch rückblickend muss ich gestehen, dass es trotz allem großen Spaß gemacht hat.

Obwohl wir Uwe und seine Frau Aracelli nicht allzu häufig sehen, ist mittlerweile eine bereichernde Freundschaft gewachsen. Für mich ist das Ganze erneut ein schönes Beispiel dafür, wie prima vermeintliche "Zufälle" oft passen: In einem mexikanischen Supermarkt finden wir – oder findet uns? – ein deutsches Buch, das uns den gesuchten Reiseleiter bringt, der Deutsch spricht, zugleich auf dem schamanischen Weg ist, über die heilige Geometrie und die Priestersprache der Maya Bescheid weiß und zudem beste Kontakte zu den Maya-Elders von Yucatan hat, sodass wir bei unseren Reisen nach Mexiko immer unverfälschte Maya-Zeremonien erleben dürfen. Diese Rituale werden in der Maya-Sprache durchgeführt und sind jedes Mal sowohl für uns als auch für unsere Teilnehmer ein unvergessliches Erlebnis.

Wenn man aufmerksam ist, wird man staunen, wie oft einem im Leben solche "seltsamen Dinge" geschehen!

Pferdestärken im Blaubeerwald

Als der Kauf des Blaubeerwald-Grundstücks spruchreif war, hatte ich mich riesig gefreut und gedacht: Das ist ein richtiges Paradies für Mensch und Tier! Und gerade zu jener Zeit hatten wir in einem Seminar auch eine Teilnehmerin, die Pferde besaß und zwei Hengstfohlen weggeben wollte. Obwohl Martin und ich keinen blassen Schimmer von Pferden hatten, nahmen wir die Fohlen in unser kleines Paradies auf und gaben ihnen die Maya-Namen Akbal und Kan; das bedeutet in Maya *Blaue Nacht* und *Gelber Samen.*

Damals wohnte im Blaubeerwald noch das Zigeuner-Pärchen, das uns bei der ungewohnten Aufzucht half. Die beiden Pferde waren in sehr schlechtem Zustand, sodass der Tierarzt prophezeite, Kan werde den kommenden Winter wohl kaum überstehen. Ich bekam erst einen Schreck, besann mich dann jedoch auf meine heilerischen Fähigkeiten, und tatsächlich kamen beide durch.

Als wir einige Monate später in der Pferdeshow "Appassionata" zum ersten Mal elegante Friesen aus nächster Nähe erlebten, war es sogleich um uns geschehen. Zufällig las ich kurz darauf in einem Zeitungsinserat, dass ganz in unserer Nähe zwei Friesen-Hengstfohlen zum Verkauf standen. Beim unverzüglichen Besuch vor Ort kam Winnetou, diesen Namen hatte einer der beiden von der Enkelin des Züchters erhalten, sofort auf uns zu und suchte den Kontakt mit uns. Sehr ungewöhnlich, meinte der Besitzer. So kam die schwarze Perle zum Jahreswechsel 1998/99 in den damals tief verschneiten Blaubeerwald.

Im folgenden Frühjahr musste er überraschend wegen einer gefährlichen Schlundverstopfung in eine Pferdeklinik, während wir gerade im Aufbruch zu einer Mexiko-Seminar-Reise waren. Die Tierärzte gaben dem völlig abgemagerten, depressiven Winnetou wenig Chancen. Doch wir entschieden uns, ihn nicht zum Abdecker zu bringen, und schalteten einen erfahrenen Naturheilkundler ein, der bereits jahrelang mit Rennpferden arbeitete. Von Köln aus arbeitete er mit den Klinikärzten zusammen, und auch wir in Mexiko arbeiteten nun täglich mit ihm auf energetische Weise. Anschließend päppelten wir den schwer kranken Junghengst ein Jahr lang auf und schafften es tatsächlich, ihn durchzubringen, sodass er sich heute als stolzer Friese bewundern lassen kann. In der Klinik konnten sie es nicht glauben und baten uns um ein aktuelles Bild von Winnetou, welches auch heute noch im Eingang der Pferdeklinik hängt.

Einige Zeit später entschieden wir uns, einen unserer drei Hengste zu verkaufen. Es war nicht leicht für uns, doch wussten wir, dass wir die ganze Arbeit alleine nicht mehr bewältigen konnten, und so baten wir wie schon so oft um Führung, die uns dann auch relativ bald die richtige Person in den Blaubeerwald brachte. Es handelte sich um eine junge Frau, die das Herz am rechten Fleck hatte und sich sehnlichst ein eigenes Pferd wünschte.

Kan war ein sehr scheuer Kerl. Umso erstaunter waren wir, als er bei der ersten Begegnung mit seiner neuen Besitzerin sofort zu ihr kam und ihr den Kopf auf die Schulter legte. Für uns war dies das Zeichen, dass die beiden zusammenpassten. Uns beruhigte, dass er in einen Stall in den Nachbarort kam und somit in unserer Nähe bleiben würde.

Trotzdem hatten wir immer noch das Problem mit den anderen beiden Pferden. Wir selbst hatten keinerlei Kenntnisse, wie man Pferde einreitet und sie ausbildet. Eines Tages kam eine Kundin zu einer astrologischen Sitzung zu mir, und als wir die Horoskop-Besprechung beendet hatten, sprachen wir noch über Pferde und das Reiten, und ich erzählte ihr von unserem Problem. Daraufhin gab sie mir eine Telefonnummer und meinte, dass diese Frau genau die Richtige für uns sei.

Kurzerhand rief ich an und vereinbarte mit Angelika Liebe, die in unserer Nähe wohnte, einen Termin. Das war im Oktober 2004 – und seitdem hilft uns Geli, wie wir sie inzwischen alle liebevoll nennen, regelmäßig und trainiert unsere Pferde.

Bis dahin hatte ich nur zweimal in meinem Leben auf einem Pferd gesessen, und beide Male hatte ich mit dem Reiten recht unliebsame Erfahrungen gemacht. Beim ersten Mal ritt ich, ohne jede Reiterfahrung, gemeinsam mit einer Freundin auf einem Haflinger aus, der auf einer Lichtung plötzlich losgaloppierte und nach links ausbrach, weil ein Fasan aufflog. Ich blieb zwar oben, doch nach dieser Stunde tat mir alles so weh, dass ich kaum noch in der Lage war, die Autokupplung zu bedienen, und mich am nächsten Morgen mühsam aus meinem Bett rollen musste.

Das zweite Erlebnis hatte ich während eines Tunesien-Urlaubs auf einem Holzsattel. Wir ritten in einer Gruppe am Strand entlang, aber mein Pferd bog auf einmal stur in Richtung Dünen ab, während meine Einwände ungehört verhallten. Als der Führer nach einiger Zeit mein Fehlen bemerkte, ließ er einen schrillen Pfiff los, worauf mein Reittier auf der Stelle kehrtmachte und losgaloppierte – der Wahnsinn!

Erst mit achtundvierzig Jahren, als Geli schon zwei Jahre regelmäßig ihre Freizeit bei uns verbrachte, habe ich begonnen, richtig Reiten zu lernen. Geli hat mir mit viel Geduld und Feingefühl meine Angst genommen. Ich bin ihr unendlich dankbar dafür. Auch wenn ich, was öfter passierte, an meine körperlichen Grenzen kam, hat sie mich mit dem ihr eigenen Charme immer wieder ermuntert, noch eine weitere Runde zu traben. Heute habe ich mit meinem Pferd Akbal einen wunderbaren Kontakt und könnte mir ein Leben ohne unsere Pferde nicht mehr vorstellen.

Im Sommer und im Herbst 2006 kamen die Stute Ima und ein kleiner Haflinger namens Sinan dazu, sodass jetzt vier Pferde im Blaubeerwald leben. Geli hat sich im Laufe der Zeit eine kleine aber feine Reitschule im Blaubeerwald aufgebaut, wo sie Reitstunden anbietet. Auch Reitercamps über mehrere Tage gehören zu ihren Angeboten.

Und aus all dem ist das Seminar "Magie zwischen Mensch und Pferd" entstanden. Pferde können nicht falsch sein, sondern erkennen den Menschen als Leittier an, wenn dieser wirklich die Führung und Verantwortung übernimmt. Für mich sind sie an Land, was die Delfine im Wasser sind.

Im Laufe der Jahre ist im Blaubeerwald ein richtiger Mini-Zoo entstanden mit Hunden, Katzen, Papageien, Hühnern, Pferden, Ziegen, Fischen und vielen Wildtieren. Unsere jüngsten Mitbewohner seit dem Frühjahr 2008 sind zwei niedliche Schweinchen, sogenannte Minnesota-Minipigs namens Tristan und Isolde. Im August 2008 kamen noch unsere indischen Laufenten Daisy, Donald und Bernie hinzu. Doch leider sind sie im nachfolgenden strengen Winter von einem Fuchs geholt worden. Sie widersetzten sich unseren Versuchen, sie einzusperren, und der Fuchs ließ sich von unseren nächtlich patrouillierenden Hunden nicht einschüchtern.

Unzählige Tiergeschichten

Als wir damals die Hühner der Zigeuner beschlagnahmten, ging für mich ein weiterer Kindheitstraum in Erfüllung. Seit ich als Kind unsere Nachbarin mit ihren Hühnern beobachtet hatte und sah, wie sie mit ihnen umging, wollte ich natürlich auch Hühner, was mir in meiner Kindheit aber nicht erlaubt wurde.

Ich war das erste Mal stolze Hühnerbesitzerin und hatte natürlich keine Ahnung, was Futter und Pflege angeht. Hilfreich war eine Bekannte, die mich aufklärte und mir zugleich eröffnete, dass jede Hühnerschar auch einen Gockel brauche. Glücklicherweise hatte die Frau auch noch einen Hahn übrig und brachte ihn auch gleich vorbei.

Der Hahn nahm seinen Hühnerharem in Besitz und stolzierte über den Blaubeerwald. Womit ich nicht gerechnet habe, war, dass Hühner auch Nachwuchs bekommen, und es dauerte es auch nicht lange, bis Küken ihren Müttern folgten.

Unseren Hahn, den wir Caruso riefen, weil er so schön krähen konnte, störte das weniger. Als die Kleinen größer wurden, stellte sich heraus, dass noch zwei weitere Hähne darunter waren. Wir nannten sie Pavarotti und Domingo.

Als die beiden Junghähne Caruso seine Hühner abzuwerben begannen, wurde der richtig sauer, und es gab so manchen Hahnenkampf, in denen sowohl Pavarotti als auch Domingo schließlich jeweils ein Auge verloren. Wir hatten keine Chance, das zu verhindern. Pavarotti und Domingo hielten sich daraufhin zurück und akzeptierten Caruso als Chef.

Auch Jahre später, als Caruso an Altersschwäche starb, sind die beiden bis zu ihrem Tod noch gut miteinander ausgekommen.

Caruso wurde zirka acht und die anderen beiden sieben Jahre alt. Auch unsere Hühner erreichen in der Regel ein Alter, von dem andere Hühner nur träumen können. Und in manchen Nächten schlafen einige Hühner sogar bei unseren Hunden. Ich weiß, dass das ungewöhnlich ist, aber bei uns vertragen sich alle Lebewesen.

Gelegentlich muss ich wieder neue Hühner kaufen, was ich im Spätsommer 2008 auch tat. Darunter befindet sich ein ganz außergewöhnliches Huhn namens Emma. Unsere Hühner haben ihren Stall direkt neben den Ziegen, und diese Henne zog anstatt bei den Hühnern direkt bei den Ziegen ein. Sie liebt es, auf den Ziegen zu reiten, und schmust auch ausgiebig mit ihnen. Den Ziegen scheint es zu gefallen. Wenn das Huhn vorwärts möchte, piekt es die jeweilige Ziege einfach mal kurz in den Rücken, und schon setzt sich die Ziege in Bewegung.

Erst neulich hat sie ein bisschen übertrieben und ging todesmutig auf unsere Hündin los. Ronia, sie ist halb Rottweiler und halb Husky, wusste gar nicht, wie ihr geschah, und hat die Flucht ergriffen. Auch unsere kleinen Hunde, Idefix und Lucy, haben mittlerweile Respekt vor unserem Kampfhuhn. Manchmal, wenn ich die Kampfhenne so beobachtete, kam mir der Gedanke, dass sie vielleicht eine Identitätskrise hatte. Nach dem Tod unseres alten Domingos besorgten wir einen neuen Hahn, dem wir den Namen King George gaben, und nun scheint wieder etwas mehr Frieden bei den Hühnern eingekehrt zu sein, sodass auch die Kampfhenne wieder etwas milder gestimmt ist.

Im Frühjahr 2008 bekamen unsere Hühner und Hähne Gesellschaft von einem einjährigen Pfauenpärchen, Raja und Rani. Der Pfauendame schien der Blaubeerwald nicht groß genug zu sein, und so entschloss sie sich, ihr Territorium zu erweitern, und tief in den Wald hinauszufliegen. Raja folgte ihr natürlich, und wir waren bestrebt, die beiden wieder einzufangen, was gar nicht so einfach war. Leider ist es uns nicht gelungen und wir dachten, dass wir sie für immer verloren hätten. Doch plötzlich, nach zehn Tagen, kam Raja ganz von selbst, aber alleine, zurück und lebt nun mit den Hühnern, mit denen er sich grundsätzlich sehr wohl fühlt und gut versteht. Aber leider reagieren weder sie noch die diversen Steinfiguren, die überall im Blaubeerwald verteilt sind, auf sein stolzes Gebalze.

Wir überlegen nun, ob wir ihm nicht einen männlichen Pfauengefährten kaufen, da wir erfahren haben, dass die Weibchen sehr anspruchsvoll sind und ein großes Territorium für sich beanspruchen. Aber vorerst ist er glücklich mit seinem Hühnerharem und versteht sich auch mit King George hervorragend.

Begegnungen mit dunklen Wesen

Im israelischen Eilat, wo wir jedes Jahr mehrmals mit Delfinen schwimmen, leitete ich alleine eine Reisegruppe. In der Nacht vor dem Rückflug – es fand exakt in dieser Zeit eine vollkommene Mondfinsternis statt, was ich jedoch nicht wusste – wurde ich um zwei Uhr dreißig wach, weil mein Handy klingelte. Ich dachte schlaftrunken, es könnte vielleicht Martin sein, der zu Hause im Blaubeerwald geblieben war. Zu meiner Verwunderung war das Telefon ausgeschaltet, läutete aber trotzdem.

Als ich aufblickte, stand neben dem Fenster im schwarzen Licht der Mondfinsternis eine kopflose Gestalt, die sogleich versuchte, mich auf ihre dunkle, negative Seite zu ziehen.

Schon vor Jahren hatte mich Vywamus einmal gewarnt, dass es auch solche machtvollen Meister der Finsternis gebe, gegen die ich mich nur durch vollkommene Liebe im Herzen schützen könne.

Doch das würde ich nicht schaffen, provozierte mich die Gestalt ohne Kopf mit so durchdringender Stimme, dass ich sie nicht nur hörte, sondern sogar körperlich spüren konnte. Er könne mir unvorstellbare Schmerzen zufügen, drohte der Geheimnisvolle und demonstrierte seine unglaubliche Macht mit Energien, die wie schmerzhafte Stromschläge durch meine Nerven peitschten. Ich versuchte verzweifelt, meine große Angst in ein Gefühl der Liebe umzuwandeln.

Der Kopflose sagte, dass er mir das Liebste nehmen werde, und ich musste daran denken, dass mein Mann, den ich sofort anrufen wollte, nicht erreichbar war, weil er um diese Zeit natürlich schlief. Schließlich überwand ich meine Angst, ging an dem Kopflosen vorbei ins Bad und machte mich für die Abreise fertig. Bis zum Verlassen des Zimmers stand die Gestalt unbewegt vor dem Fenster.

Völlig aufgelöst von diesem schockierenden Erlebnis, brachte ich die Reiseteilnehmer zum Flughafen in Eilat, ohne mir etwas anmerken zu lassen.

Kaum waren wir in Frankfurt gelandet, rief ich sofort zu Hause an. Drei unserer Hunde seien fortgelaufen, erzählte Martin, und einer noch nicht wieder aufgetaucht. In diesem Moment wusste ich: Unsere Hündin Bonnie ist tot. Martin fand sie anschließend wie schlafend im Straßengraben, ohne eine sichtbare Verletzung; nie hat sich jemand bei uns gemeldet, weil es einen Autounfall oder Ähnliches gegeben habe.

Der Kopflose hatte seine Drohung wahr gemacht. Es ist für mich das Allerschlimmste, wenn meinen Tieren etwas passiert; ich war deshalb in Tränen aufgelöst und zugleich unglaublich wütend.

Shemesh, unser Sonnenhund

Martin holte mich daraufhin in München ab und erzählte mir von einem Hundewelpen einer Nachbarin, den er auf der Suche nach unserer Hündin Bonnie zufälligerweise gesehen hatte. Ich wollte aber keinen Ersatz für sie und war untröstlich. Als er aber nicht nachgab, ging ich widerwillig mit, diesen Hund zumindest mal anzuschauen. Und tatsächlich lief einer der acht Welpen – es war genau derjenige, die Martin schon aufgefallen war – schnurstracks auf mich zu und setzte sich direkt auf meine Füße: Da war's um mich geschehen! Wir nahmen die namenlose Kleine gleich mit, und Martin erzählte mir unterwegs, dass sie ein "Sonnenhund" sei, ein Hund mit sonnigem Gemüt, wie ein Meister ihm auf der Fahrt zum Flughafen gesagt hatte.

Wir wollten unserer neuen Bewohnerin und Nachfolgerin von Bonnie einen hebräischen Namen geben und riefen deshalb unseren deutschen Freund Alex in Israel an. Der wusste nichts von der Botschaft an Martin und schlug als Namen spontan "Shemesh Jaffa" vor – was so viel heißt wie *Schönheit Sonne* oder *Schönheit, die aus der Sonne kommt*, was genau zu dem wunderbaren Tier passte.

Ich hatte immer noch Angst, dass der Kopflose erneut zuschlagen könnte. In Eilat hatte er angekündigt, er werde mich besuchen, und das war dann auch einige Monate später tatsächlich der Fall.

Eines Abends klingelte es draußen am Tor des Blaubeerwalds – wir haben eine elektronische Funkklingel –, aber weit und breit war niemand zu sehen. Weil mich ein Gefühl der Angst beschlich, ging Martin zum Eingangstor, und er spürte deutlich etwas Bedrohliches. Es standen ihm wortwörtlich die Haare zu Berge! Kurze Zeit darauf, es war Vollmond, musste ich nachts zur Toilette, und auf dem Rückweg ins Bett stand der dunkle Meister wortlos auf der Treppe. Furchtbar! Doch Gott oder Vywamus sei Dank war diese Begegnung ohne weitere Folgen. Das ist jetzt zwei Jahre her, und ich hoffe, dass ich so etwas nie wieder erleben muss.

Möchtegern-Schwarzmagier gibt es zur Genüge; in einem Seminar hatte ich einmal einen solchen Typen, der andere zu manipulieren versuchte. Als ich ihn aufforderte, damit aufzuhören, versuchte er mich in einen Machtkampf zu verwickeln. Ich gab ihm die Seminargebühr zurück und warf ihn raus. Aus Wut richtete er seine negativen Kräfte gegen meine Tiere, was zur Folge hatte, dass unser Kater Simba vor lauter Panik durch eine geschlossene Glasscheibe im Gewächshaus sprang, obwohl sein vertrauter Katzenschlupf wie immer offen stand. Ich sandte daraufhin die negative Energie, die ja nicht an Raum und Zeit gebunden ist, an ihren Verursacher zurück und stellte den Blaubeerwald unter geistigen Schutz.

Bei einem anderen schwarzmagischen Angriff, wir lebten noch in unserem Haus in Bruck, flog ich zwei Meter durch die Luft und war anschließend eine Stunde lang blind.

Einige Monate später, Martin und ich waren gerade erst von einer anstrengenden Mexikoreise zurückgekehrt, erlebte ich wieder einen Angriff. Wir waren beide noch etwas geschwächt von der langen Reise und saßen am Abend in unserem Wohnzimmer auf der Couch. Plötzlich spürte ich eine bohrende Energie, die mich am Kopf manipulierte, und zugleich fühlte ich, wie sich meine Lebenskraft von den Füßen nach oben zurückzog. Irgendetwas saugte mir zudem die Lebensenergie aus meinem Solarplexus. Ich hörte meinen Herzschlag – der immer langsamer wurde – außergewöhnlich laut und war wirklich fasziniert davon, was gerade mit mir geschah. Ich dachte: So muss sich das Sterben anfühlen.

Martin, der neben mir saß, spürte die Bedrohung dieser Situation sofort und begann zunächst, mich anzusprechen und mich zu schütteln, worauf ich aber nicht reagierte. Dann begann er energetisch an meinem Solarplexus und meinem Herzen zu arbeiten und animierte mich, mit ihm zu atmen. Ich war schon ziemlich geschwächt und lag mit meinem Kopf an seiner Brust. Plötzlich hörte ich sein Herz übermäßig laut schlagen, und mein Herz war so leise, dass ich mir sagte, ich müsse meinen Herzschlag dem seinen anpassen.

Unser Hund Gaspy hat mir während des ganzen Angriffs die Hände abgeleckt und versuchte mich gemeinsam mit Martin wieder zurückzuholen.

Als ich halbwegs wieder im Hier und Jetzt war, fiel mir ein, dass wir mit Freunden zum Essen verabredet waren, und so versuchte ich aufzustehen, um mich auf den Weg zu machen. Martin erklärte mir, dass ich ausschaute wie ein Gespenst und nicht in der Lage sei, jetzt zum Essen zu gehen. Ich war da ganz anderer Meinung – abgemacht ist abgemacht, das schaffe ich schon. Ich kam allerdings nur bis zu unserer Haustüre. Dann bin ich zusammengebrochen. Martin hob mich hoch, trug mich ins Wohnzimmer zurück und rief unsere Freunde an, die daraufhin zu uns kamen. Meine Freundin brach sofort in Tränen aus, als sie mich kreidebleich und völlig fertig sah.

Spirituell oder nicht spirituell, das ist hier die Frage

Für mich bedeutet Spiritualität unter anderem die Beschäftigung mit mir und meinem Ursprung: Nicht der Körper hat eine Seele, sondern du bist Seele und hast einen Körper. Je stärker ich mir als Seele bewusst bin, desto besser kann ich mein Potenzial aus früheren Inkarnationen und Kräfte aus höheren Seins-Ebenen im Alltag umsetzen. Denn es geht doch schließlich um die Bewältigung unserer alltäglichen Probleme – an einem idyllischen Wasserfall im Hochland von Tibet zu meditieren ist nicht schwierig, sehr wohl aber, sich Tag für Tag in der Großstadthektik von Berlin oder Frankfurt zu behaupten. Oder ein Buch zu lesen und dann schlau über Lichtkörper und Ähnliches zu reden, das hat mit wahrem "Spirit" (= Geist) genauso wenig zu tun wie die einengenden Dogmen und sinnlosen Vorschriften der katholischen Amtskirche, die Schuld, Sünde und Strafe so stark betont. Obwohl ich eine erzkatholische Erziehung "genossen" habe, fühle ich mich keiner "Religion" verbunden, was ja eigentlich "Rückbindung" bedeutet. Die christliche Religion hat meinem Verständnis nach nichts mit Gott zu tun; denn um an die göttliche Energie angeschlossen zu sein, gibt es viele unterschiedliche Wege. Entscheidend ist doch, dass der Einzelne den für sich richtigen Weg findet und auch geht.

Leider enden viele Menschen wegen des Überangebots der Esoterik-Szene immer wieder in einer Sackgasse. Die Verlockung ist groß, die Eigenverantwortung, die vorher zum

Beispiel der Kirche übergeben wurde, nun auf eine andere Organisation, die Aufgestiegenen Meister oder Engelwesen, zu übertragen. Immer wieder landen Teilnehmer bei unseren Seminaren, die die abenteuerlichsten Geschichten erzählen.

Eines Tages kam eine junge Frau direkt von einem Clearing von negativen Energien direkt zu uns ins Seminar. Sie klagte, dass es ihr gar nicht gut gehe und sie womöglich das Seminar nicht mitmachen könnte. Sie kam mir sehr erschöpft und energielos vor und ich fragte sie, was denn bei dem Clearing vorgefallen sei. Sie erwiderte, dass stundenlang an ihr gearbeitet worden sei, um den verstorbenen Großvater aus ihrer Aura zu entfernen, was aber nicht gelang.

Daraufhin fragte ich Vywamus, einen Aufgestiegenen Meister, und setzte zugleich meine Fähigkeit der feinstofflichen Wahrnehmung ein, um Klarheit in die Situation zu bringen. Dabei stellte sich heraus, dass der Therapeut krampfhaft versucht hatte, den Schutzengel dieser jungen Dame zu entfernen, was natürlich nicht möglich ist. Ich war wieder einmal sprachlos, was Menschen mit sich machen lassen. Auch hörte ich immer wieder, dass Aufgestiegene Meister die Menschen wegen ihrer Unfähigkeit beschimpften, und konnte nur den Kopf schütteln über so viel Mangel an Logik. Würden die Aufgestiegenen Meister uns wirklich beschimpfen und uns erniedrigen, bräuchten wir sie nicht. Das schaffen wir ganz alleine. Die Meister wollen uns als Freunde zur Seite stehen und uns ermutigen, zu unserem wahren Selbst zu stehen. Sie sind nicht dazu da, uns wieder die Verantwortung abzunehmen, sondern dazu, uns zur Eigenverantwortung zu führen.

Deshalb finde ich es absolut wichtig, realistisch an die Sache heranzugehen. Jeder Mensch hat eine Intuition und kann sehr wohl unterscheiden, was richtig und was falsch ist – man muss ihm nur die Chance dazu geben.

Der Adler unter Hennen

Es war einmal ein Bauer, der fand auf dem Nachhauseweg ein Adlerküken, das aus seinem Nest gefallen war. Kurzerhand hob er es auf und nahm es mit zu seinem Bauernhof. Daheim angekommen, wusste er nicht, wo er es unterbringen sollte, und sperrte es zu seinen Hühnern.

Das Adlerküken wuchs heran und nahm natürlich die Verhaltensweisen der Hühner an. Es lernte zu picken und zu scharren und verbrachte den Tag damit, mit der Hühnerschar auf Essenssuche zu gehen.

Eines schönen Tages, der kleine Adler war wieder mit den Hühnern unterwegs, sah er am Himmel einen wunderschönen großen Vogel und machte die Hühner darauf aufmerksam. Er sagte: "Schaut euch mal diesen eleganten Vogel an, so möchte ich auch fliegen können." Die Hühner erwiderten: "So wirst du nie fliegen können, das ist uns Hühnern nicht möglich." Traurig wandte der kleine Adler seinen Blick vom großen Adler ab, folgte den Hühnern und pickte weiter.

Ich liebe diese Geschichte. Zeigt sie uns Menschen nicht, dass wir eigentlich alle Adler sind, die aber den Glauben an sich verloren haben und nur mit der Masse mitlaufen? Jeder sollte sich fragen, wer er ist, ein Adler oder ein Huhn.

Halbzeit ...

Seit Jahren hat mich das Thema, meine Autobiografie zu schreiben, beschäftigt. Es gab auch ein paar Anläufe, die immer wieder im Sande verlaufen sind. Bis schließlich die Zeit reif wahr und mir hilfreiche Menschen geschickt wurden, die mich unterstützten.

2007 flog ein befreundetes Pärchen mit uns nach Eilat, und bei einem gemeinsamen Abendessen kam das Gespräch auf meine Autobiografie und den Wunsch, endlich damit zu beginnen. Unsere Freundin zeigte auf Peter, ihren Partner, und meinte, er sei Journalist und könne mir bestimmt helfen, ein Gerüst für meine Autobiografie zu erstellen. Gesagt, getan. Peter half mir und es ging voran. An dieser Stelle möchte ich Peter für seinen Einsatz und seine liebevolle Unterstützung danken.

Ich hätte nie gedacht, wie viele Emotionen in meinen Erinnerungen gespeichert sind. Manche Erlebnisse durfte ich so richtig noch mal "live" erleben. Auch erkannte ich, dass ich die letzten fünfundzwanzig Jahre in erster Linie für andere Menschen und ihre Bedürfnisse da gewesen bin und mich selbst und meine Bedürfnisse immer hinten angestellt habe. Doch jetzt habe ich für mich die letzten Jahrzehnte abgeschlossen und bin offen für Neues.

In dem Moment, als die Entscheidung gefallen war, mit meiner Autobiografie zu beginnen, bekam ich von Cantor seine Erlaubnis, Coaches für diese einmalige Technik auszubilden. 2008 begann ich mit der ersten Staffel und bin sehr stolz auf meine CHT-Coaches, die inzwischen ihre eigenen CHT-Ausbildungen anbieten. Zugleich meldete sich eine Kundin, die vor acht Jahren nach Kanada ausgewandert war und vor mehr als zehn Jahren die CHT-Ausbildung bei mir absolviert hatte. Ich erzählte ihr von der Coach-Ausbildung und sie war begeistert. Im Juli 2009 werden wir CHT-Ausbildungen in Kanada anbieten und im August 2009 natürlich auch in Israel. Ich freue mich schon darauf und bin gespannt, welche Kreise diese Technik noch ziehen wird.

Für 2010 plane ich auch eine Channeling-Coach-Ausbildung. Es macht mir ungeheure Freude, meine Erfahrungen und mein Wissen anderen Menschen weiterzugeben. Ich bin der Meinung, dass es noch viel mehr bodenständige Menschen geben muss, die spirituelles Wissen vorleben und verbreiten.

Wie schon so oft in meinem Leben überlasse ich meine spirituelle Entwicklung und das, was das Leben noch für mich bereithält, der Führung meiner geistigen Freunde. Was nicht heißt, dass nicht *ich* die letzte Entscheidung treffe. Sie unterbreiten mir ihre Vorschläge und ich entscheide, was ich tue. Dabei muss ich zugeben, dass sie in der Regel geniale Ideen haben.

Jetzt, in diesem Augenblick, fühle ich mich genau so, wie sich die Natur Ende März im Blaubeerwald zeigt: in Aufbruchsstimmung zu neuen Abenteuern.

Mehr über Christine Strübin und das Blaubeerwald-Institut

Wenn Sie mehr über meine Arbeit und unser zauberhaftes Blaubeerwald-Institut erfahren möchten, dann besuchen Sie uns doch im Internet. Wir bieten Ihnen zahlreiche effektive Wege für rundum mehr Lebensqualität in allen Bereichen an, auf denen Sie mich persönlich erleben und von meiner außergewöhnlichen Erfahrung profitieren können.
Unzählige Berichte von begeisterten Kunden belegen die positiven Veränderungen in ihrem Leben. Manchen scheint es sogar fast unglaublich …

www.blaubeerwald.de

- Heilsame Delfin-Reisen, mystische Mexiko- & Ägyptenreisen
- Spirituelle Seminare und Ausbildungen
- Gesundheitsprodukte & ganzheitliche Systeme
- Weitere Bücher von Christine Strübin
- Gechannelte Musik von Josef M. Clearwater
- Ganzheitliche Lebensberatung & Coaching
- Vorstellung des zauberhaften Blaubeerwaldes

www.delphine-delfine.de
Schwimmen Sie hautnah mit wilden Delfinen im Roten Meer und erleben Sie ihre Heilkraft und die Kräftigung von Körper, Geist und Seele.

www.cantorholistictouch.de
Erfahren Sie mehr über die ganzheitliche Heilertechnik von Christine Strübin und wie Sie diese bei allen Lebensproblemen für sich und Ihre Lieben nutzen können.

www.ausbildung-channeling.de
Nutzen Sie diese geistig-seelische Persönlichkeitsentwicklung, in der Sie Ihr Bewusstsein intensiv erweitern und die Potenziale Ihrer Seele nutzen können.

www.mayakalender-2012.de
Erfahren Sie mehr über den Mayakalender und die aktuelle Zeit bis 2012.

www.monoatomischesgold.de
Das alchimistische Elixier der alten Bruderschaften zur Eweiterung des Bewusstseins und zur Aktivierung der höheren Potenziale des Menschen.

www.aurasystem.de
Das Aurasystem von *Inneractive* bietet Hellsichtigkeit auch für Aura-Blinde.

www.musik-apotheke.com
Profitieren Sie von der Heilkraft der Musik – Download-Shop mit hunderten von heilsamen Musikstücken für Körper, Geist und Seele.

Auch die Webseiten folgender Organisationen lege ich Ihnen ans Herz. Ich unterstütze diese seit vielen Jahren und lade Sie gerne dazu ein:

www.gut-aiderbichl.com
Die Organisation von Michael Aufhauser rettet geschundene und gequälte Tiere und gibt ihnen ein schönes und würdevolles Leben zurück.

www.delfinschutz.org
Die Organisation von Rollo Gebhard organisiert weltweit Projekte zur Rettung und zum Schutz der Delfine.

www.plan.de
Plan-International kümmert sich weltweit um die Ausbildung und Unterstützung von armen Familien und bietet Hilfe zur Selbsthilfe vor Ort.

Die Botschaften der Aufgestiegenen Meister

Von Vywamus & anderen Aufgestiegenen Meistern

Erschienen im Neue Welt Verlag

Inklusive 10 Meisterkarten, illustriert von der Künstlerin Petra Meier-Krönke

250 Seiten • Paperback A4 • **€ 24.90**

ISBN 978-3-937957-91-3

Eine Vielzahl von Botschaften und Meditationen der Aufgestiegenen Meister, mit denen Christine Strübin seit 1984 als eines der ersten Channeling-Medien in Europa in Kontakt ist.
In einer mehrjährigen, internationalen Seminarreihe wurden diese spirituellen Sichtweisen in Kombination mit jeweiligen Übungen zu verschiedenen Themen aufgezeichnet: Ich-Bin, Seele, Channel-Clearing, Solarplexus-Emotionalkörper, 3. Auge, Basis- & Kehlchakra, Polarität, Mensch-Sein, Vorgeburtliche Phase & Kindheit, Atlantis und die Jetzt-Zeit, Sexualität & Spiritualität, Kreativität, Lebensfreude & Glücklich-sein u. a.

Die Aufgestiegenen Meister sind "Menschen", die wieder zu ihrer vollen Göttlichkeit erwacht sind. Mit ihrer allumfassenden Sicht kennen sie uns und unseren Lebensweg besser als wir selbst. Sie wissen genau, was für uns das momentan "Richtige" ist. Sie kennen all unsere Geheimnisse, unsere Ängste und Schmerzen, aber auch unsere Träume und Hoffnungen. Einige der Aufgestiegenen Meister sind bekannt, wie Jesus, Buddha oder St. Germain; die meisten jedoch sind in keinem Geschichtsbuch zu finden. Gemeinsam mit den Engelwesen, den Devas und Naturgeistern, den Reichen der Erde und dem solaren Rat bilden die Aufgestiegenen Meister die geistige Hierarchie der Erde und unterstützen die Evolution der Menschheit, indem sie jedem Einzelnen von uns helfen, sein Leben im Einklang mit dem Schöpfer und der Schöpfung zu meistern – ohne unseren freien Willen zu manipulieren.

Die DVD für alle Delfin-Fans

Dolfinim –
Die Heilkraft der Delfine

Laufzeit: 100 Min.
Redaktion: Christine & Martin Strübin,
Rolf Grund
€ 14.90

Erleben Sie die faszinierende Welt der Delfine. Seit Jahrtausenden werden Delfine auf der ganzen Welt vergöttert. Was macht die Magie dieser Lebewesen aus? Verfügen sie tatsächlich über eine überragende Intelligenz? Haben sie wirklich besondere Heilfähigkeiten? Beherrschen Delfine die telepathische Kommunikation? Was ist real?
Dieser Film zeigt Ihnen die vielfältigen Aspekte der einzigartigen Delfin-Reisen des Blaubeerwald-Instituts und hält neben Aussagen der Reiseveranstalter Christine und Martin Strübin auch Interviews mit der Cheftherapeutin – Sophie Donio – sowie der Mitbegründerin des Dolphin Reefs – Maya Zilver – für Sie bereit.

Das Dolphin Reef in Eilat ist eine weltweit einzigartige Delfin-Anlage, in der Besucher mit den dort lebenden wilden Delfinen schnorcheln und tauchen können. Diese Delfine leben dort seit 1990 in dem größten Meeresgehege der Welt, welches sogar über sieben Jahre geöffnet war. Aufgrund mangelnder Gesetze musste es leider zum Schutze der Delfine wieder geschlossen werden. Die Delfine werden hervorragend betreut, genießen absolute Priorität und können dort – im Gegensatz zu anderen Anlagen (z. B. in Florida oder in der Türkei) – ihr komplexes Sozialleben in einem natürlichen Zuhause pflegen. Die Interaktion zwischen Mensch und Delfin geschieht vollkommen freiwillig ohne Zwang oder Training.

Von jeder verkauften DVD spenden wir € 1.- an die Gesellschaft zur Rettung der Delfine: **www.delphinschutz.org**